深町英夫
Hideo Fukamachi

孫文

―近代化の岐路

Eurus
Notus
Boreas
Zephyrus

岩波新書
1613

はじめに——岐路に立つ男

二〇一四年に東アジアの中華圏で、若者の主導する大規模な集団抗議行動が相次いで起き、世界の注目を集めた。一つは、大陸中国とのサービス貿易協定の審議をめぐり、立法院(国会)が占拠された台湾の「太陽花(ひまわり)学生運動」、いま一つは特別行政区の長官選挙に対する大陸当局の影響力をめぐり、市街地の路上が占拠された香港の「雨傘革命」である。この二つの集団抗議行動の背景・経緯・結末には多くの相違があるものの、いずれも中国大陸(内地)に台湾・香港の若者が抱く距離感が、その一つの動機となっていたという共通点を持つ。

台湾は一八九五年の下関条約から約一二〇年、香港は一八四二年の南京条約から約一七〇年、ほぼ中国大陸から切り離されて独特な歴史を歩んできた。その原因を作ったのは、言うまでもなく日本とイギリスの帝国主義であるが、一九四五年に台湾が中華民国により接収され、一九九七年に香港が中華人民共和国に返還され、いずれも植民地支配からは既に解放されている。それにもかかわらず、二一世紀に入った今日なお両地区の若者が、「一四億人の中国同胞」という帰属意識を抱きにくいのは、やはり政治体制の相違が一つの要因となっていよう。

学生たちが占拠した台湾の立法院．中央に孫文の肖像画が掲げられている(共同通信社)

二〇世紀末に東西冷戦が終結し、東ヨーロッパでも東アジアでも民主化が進む中で、台湾では中国国民党の一党支配が終結し、香港でも返還を前に植民地当局が直接選挙の範囲を拡大した。これに対して中国大陸では、二一世紀に入っても中国共産党が一党支配を継続し、むしろ驚異的な経済発展という治績を根拠に、「西側民主主義」に対する優位性すら時に主張される。中華圏には政治体制をめぐって、なぜこのような分岐が生じたのだろうか。

しばしば誤解されていることだが、中国大陸には王朝時代から今日まで、一貫して独裁体制のみが存在してきたわけではない。一九一二年に成立した中華民国は、当時の世界でも稀有な共和政体をアジアで最初に樹立し、また先進的な議会・選挙制度を採用した。だが、この共和国は順調に民主主義の道を歩むことができず、政治体制をめぐり迷走を続ける中で、単一政党による政権の独占という、いま一つの新たな道が模索され始める。そして、一九四九年に中華人民共和国が中華民国に取って代わると、一党支配が確立されて今日に至るのである。

このような中国近代史上における、民主と独裁という両極端な政治体制を追求する二本の道は、いずれも奇妙なことに一人の男によって見出された。それが本書の主人公――孫文（字《あざな》・号は逸仙・中山など）である。彼は中国で最も早く一八九〇年代に、専制王朝の打倒と民主共和国の樹立を図る革命運動を開始したが、一九一〇年代には突然、革命党による独裁的支配を提唱するようになる。しかし、彼は当初の思想を完全に放棄したわけではなく、この相矛盾するかに見える民主と独裁へ続く二本の道が、やがて出会い一つとなることを信じた。

さながら古代ローマの二つの顔を持つヤヌス神のごとき、このカリスマ的革命指導者の死後、後継者たちが繰り広げた政治体制をめぐる試行錯誤は、実のところ彼が示した二本にして一本の道をいかにして歩むかという、困惑の表れであったともいえる。先に述べた台湾の民主化は、孫文によって創設された中国国民党の体制構想が、一党支配の開始・実行のみならず、その終結をも予定していたことと無関係ではない。他方で「西側民主主義」の弊害を指摘する、今日の中国共産党が常用する論法も、既に孫文によって用いられていたものである。

孫文は死後、中華民国の政権を掌握した中国国民党により、「国父」と尊称されるようになっただけでなく、中華人民共和国を樹立した中国共産党によっても、革命の「先行者（先駆者）」と位置づけられている。五月一日の労働節（メーデー）と一〇月一日の国慶節（建国記念日）には、北京の天安門広場に巨大な孫文の肖像画が、天安門楼上の毛沢東の肖像画と相対するように設置されるのは、このような位置づけを象徴するものだろう。

他方、台北にある一九七〇年代に落成した国父紀念館の、巨大な孫文の銅像の前で行なわれる儀仗兵の交代儀式が、今日では大陸から訪れる観光客の人気を呼んでいる。そこには時代と体制の移り変わりが反映されているのだが、台湾における孫文の存在は単に一党支配の名残たるにとどまらない。一九二〇年代に日本統治下で台湾民衆党を結成した蔣渭水《しょういすい》は、中国国民党と民主進歩党の双方から「台湾の孫中山」と尊称されている。これは、彼が熱烈な孫文の崇拝者であっただけでなく、台湾住民による自治要求の先駆者であったことにもよる。

このように中華圏における民主／独裁双方の首唱者である、ヤヌスのごとき革命家・孫文の生涯には、一九世紀末葉から二〇世紀初頭にかけて国家と社会の近代化を図った、中国の苦闘が凝縮されている。彼は時代によって生み出され、また自ら時代を切り開いた。本書は、この中国近代化の岐路に立っていた男――孫文の評伝である。

目　次

黒龍江
チチハル
ハルビン
吉林
長春
吉林
奉天
奉天
直隷
内モンゴル
帰綏
北京
山海関
大連
旅順
天津
保定
日本海
朝鮮
ソウル
全州
太原
山西
陝西
延安
蘭州
甘粛
済南
山東
登州
青島
黄海
大運河
黄河
彰徳
洛陽
項城
徐州
江蘇
西安
河南
安徽
蘇州
南京
上海
四川
湖北
長江（揚子江）
漢陽
漢口
沙市
武昌
九江
成都
重慶
杭州
浙江
東シナ海
南昌
長沙
江西
湖南
貴州
貴陽
福建
福州
桂林
厦門
広東
広西
惠州
潮州
台湾
澎湖諸島
広州
香山
マカオ
香港
南寧
仏領インドシナ
海南島

20 世紀初頭の中国
辛亥革命時「独立」宣言の省
岡本隆司『袁世凱』(岩波新書)xii-xiii 頁の図，168 頁の図をもとに作成

第1章
天は高く皇帝は遠し

1883年の孫文(張世福主編『孫中山 紀念孫中山先生誕辰130週年』上海人民出版社, 1996年)

1　帝国の片隅で

中心から隔てられて

首都の北京から南方へ約二〇〇〇キロ、広東省の香山県翠亨村に清朝の同治五年一〇月六日(新暦一八六六年一一月一二日、以下同じ)、孫文は生を受けた。「天は高く皇帝は遠し」とは、伝統中国の王朝体制下で統治機構の頂点に位置する皇帝が、末端の庶民にとってはさながら天空のように遠い存在であったことを意味する。そして、巨大な中華帝国のほぼ最南端という広東省の位置を表現するものとしても、この言葉はしばしば用いられる。

だが、孫文を帝国の中心から隔てていたのは、空間的な距離だけではない。当時の中国社会で正統な出世の道といえば、科挙に合格して官僚となるためのピラミッド状の階梯を一段ずつ登っていくことを意味した。すなわち末端行政単位の県で行なわれる県試に始まり、より上級の行政単位である府での府試や、省での郷試などを経て、最終的には首都の皇帝自身による殿試へと至る階梯である。これは貧農家庭の三男三女の五番目に生まれた孫文にとって(次男・

次女は夭逝)、ほぼ望みえない道だったと言ってよい。父は一族の土地を借りて耕作しつつ、村の夜回りをして家族を養っており、サツマイモが主食であったという。孫文は六歳頃から農作業を手伝うようになり、九歳で村の塾に入り伝統的な教育を受け始めたものの、その水準は裕福な家庭の子供が受けていたものとは、とうてい比べようもなかったろう。

翠亨村(前掲『孫中山』)

だが、当時の中国東南沿岸部には科挙による立身出世とは異なる、社会的成功のための新たな回路が開かれつつあった。欧米諸国による開発が進むアジア・太平洋一帯の各地へ、中国人が労働力として移住し(華僑)、彼らの出身地である広東省・福建省・浙江省の各地(僑郷)と、東アジア・東南アジア・北アメリカ・オセアニアの各地に形成された中華街(華埠)との間に、人・物・金・情報が行き交うネットワークが形成される。その両者を結ぶ結節点が、珠江河口に位置するイギリス植民地の香港やポルトガル植民地の澳門《マカオ》、そしてアヘン戦争(一八四〇~四二)やアロー戦争(一八五六~六〇)の結果として開港場となった、汕頭《スワトウ》(広東省東部)・厦門《アモイ》(福建省南部）・寧波《ニンポー》（浙江省北部）など、東南沿岸部の港湾都市であった。

ハワイ時代

このネットワークを利用して孫家に新たな収入源をもたらしたのが、孫文より一二歳年長の長男・孫眉である。彼は同治一〇年（一八七一年）にハワイのオアフ島へ出稼ぎに行くと、当初は他人の農場や牧場で働いていたが、やがて自ら農場や商店を所有するようになるとともに、同郷の移民を募る事業にも着手する。生活の安定した彼が父母・兄弟をハワイへ呼び寄せようとすると、これには父が賛同しなかった。とはいえ孫眉の仕送りを受けるようになっていた孫家で、弟が兄に倣ってハワイへ渡航することを望んだのは、ごく自然な成り行きであろう。

光緒五年四月一日（一八七九年五月二一日）に香山県と隣接する澳門から、移民を輸送するため兄がチャーターしたイギリス船に乗り、一二歳の孫文は母と共にハワイへ向かった。ホノルルに到着すると当初は兄の商店を手伝っていたが、九月にはイギリス国教会の経営するイオラニ学校に入学する（母は帰国）。同校では当時、ハワイ先住民や先住民・白人混血の生徒が多数を占めており、中国式の衣裳や髪型が珍しかったためか、しばしば孫文は現地出身の生徒に辮髪《べんぱつ》を引っ張られ、喧嘩になることもあった。

彼は同級生と遊ぶことを好まず、いつも一人で教室の一隅に座って、中国古典の文章を朗読したり、紙に書いては破ったりしていたという。そのせいか後述する通り、やがて彼の革命運動を支持することになる多くのハワイ在住華僑と異なり、あまり彼自身はハワイ先住民に好印象を持たなかったようだ。故郷とは言語も人種も異なる社会で、彼には「中国人」という範疇に自身を帰属させる意識が芽生えたのだろう。

当時のハワイは独立王国だったが、ハオレと呼ばれるアメリカ系・イギリス系などの白人が、ハワイ先住民に対して政治的・経済的に優位を占めつつあった。孫文は後者より前者に親近感を覚えたようで、イオラニ学校で貪欲に西洋文化を吸収していく。ワシントンやリンカーンの伝記を愛読したため英語が急速に上達し、光緒八年六月一三日(一八八二年七月二七日)に卒業する際は、英文法の試験で多くの先住民少年を尻目に第二位の成績を収め、カラカウア王から記念品を授けられた。また、同校には聖書の授業や祈禱の時間があり、孫文は次第にキリスト教への関心を強めていく。だが、オアフ学院へ進学した彼が洗礼を受けることを望むと、これを嫌った孫眉は故郷の父に連絡し、翌年六月(七月)に孫文を呼び戻させてしまう。

香港で目にしたもの

　こうして孫文の最初の海外生活は終了した。しかし、約四年ぶりに戻った故国の現状は彼にとって耐えがたいものだったようだ。ハワイ時代に彼の心に芽生えた民族意識とキリスト教の信仰は、やがて中国社会の変革を志す世直し願望へと育っていく。まず香港に到着して乗り継いだジャンクの船上で、清朝の官吏が関税徴収や麻薬捜査を名目に、乗客から金品をゆすり取ったことに憤激した孫文は、官吏に抗議するとともに政治改革の必要性を乗客に訴えたという。さらに故郷の翠亨村では迷信を嫌ったためだろう、竹馬の友である陸皓東《りくこうとう》と共に北帝廟の神像を破壊してしまう。この行為は村人たちの憤激を招き、二人は珠江対岸の香港へ逃れることになった。

　光緒九年(一八八三年)の秋頃、孫文は香港で国教会系の抜萃書室に入学し、ハワイ時代に引き続き西洋式教育を受ける。翌年三月二〇日(四月一五日)には香港政庁の設立した中央書院に移り、また四月一〇日(五月四日)にアメリカ人宣教師チャールズ・ヘイガーから洗礼を受け、毎週日曜日には王煜初牧師の説教を聞いたという。おそらくはこのような弟の将来を案じたのだろう、遠くハワイにいる孫眉は香山県出身の盧慕貞《ろぼてい》を孫文にめとらせ、さらに拠点としていたマウイ島カフルイへ孫文を呼び寄せ、自身の事業を手伝わせようとした。しかし、孫文は兄の説得に耳を貸さず香港へ舞い戻り、やむをえず孫眉は弟に学資を仕送りし続けることになる。なお、孫文は幼時に故郷で十分に学べなかった伝統学術を補習する必要を感じたようで、この時期に四書五経などを閲読しているのだが、中央書院の創立に尽力したイギリス人漢学者ジェームズ・レッグによる英訳本を参照して、ようやく古典漢籍を読解できたという。

光緒一〇年（一八八四年）には清仏戦争が勃発する。香港では、労働者・商人がフランス船を相手とした修理や取引を拒否し、これを取り締まった政庁に対する住民の抗議行動が発生した。翌年に清朝は敗北しベトナムに対する宗主権を喪失する。どうやら孫文は帝国主義列強の圧迫のみならず、清朝の無能・腐敗にも大きな衝撃を受けたようだ。この敗戦が清朝打倒の革命を志す契機になったと、彼は後年に回想している。

医学の道と革命の道

しかし、この時ただちに革命家・孫文が誕生したわけではない。ようやく二〇歳になろうという彼は、まず職業選択という課題に直面していた。彼は当初、海軍・陸軍学校や法律学校への進学を希望したが実現せず、結局は医学の道を選ぶことにしたという。光緒一二年（一八八六年）に彼は、アメリカ人により広東省の省都・広州に設立された博済医院の付設医学校に入学する。孫文は同校で西洋医学を学ぶ一方、陳仲堯という人物から儒学の講義を受けていたが、その後の彼に最も大きな影響を与えたのは、鄭士良《ていしりょう》および尤列《ゆうれつ》との出会いだろう。

鄭士良は香港に近い広東省帰善県の出身で、広州にドイツ系教会が設立した礼賢学校に学んで洗礼を受け、同校卒業後に博済医院付設医学校に学んでいた。彼は三合会という会党(秘密結社)の成員だったのである。この天地会・三点会などの多様な呼称も持つ地下組織は、清朝初期の満洲人に対する抵抗運動に由来し、明朝初代の洪武帝(朱元璋)にちなんで洪門と総称された。洪門会党は地縁・血縁から切り離された流動人口の互助組織として発達し、しばしば「反清復明」を唱えて華南一帯で反乱を起こしていたのである。

尤列は広州と香山県の中間に位置する順徳県の出身で、日本や朝鮮を遊歴し洪門会党に加入していた。清露イリ条約の締結や清仏戦争の敗北に刺激を受け、広州の算学館に入学したというが、その後の経歴から見て彼は、領域喪失の危機感から地理学・測量技術の習得を志したのだろう。その頃に彼は博済医院付設医学校の友人を訪ね、たまたま孫文・鄭士良と知り合ったのである。孫文は幼時に郷里で三合会の武術訓練を見たといわれるが、親しく交友関係を結んだ会党員は、鄭士良・尤列が最初だった。やがて孫文は、洪門会党の「反清復明」を近代的な民族主義思想に読み替えることにより、満洲人支配者を革命の打倒対象と認識する。

青年たちの革命サロン

光緒一三年(一八八七年)、孫文は香港の西医書院に第一期生として入学した。同校の創設者である何啓《かけい》は、宣教師の息子として生まれ中央書院を卒業したのち、イギリスに留学してアバディーン大学で医学を、さらにリンカーン法曹院で法律を修め、帰国後は香港立法局議員を務めた人物である。西医書院は病没したアリス夫人を記念した病院に併設された。開校にあたり、何啓とはアバディーン大学医学部の同窓生である、パトリック・マンソンとジェームズ・カントリーが招聘されている。

孫文は同校で五年をかけて西洋医学を学ぶ一方、さらに多くの天下国家を論ずる同志を得る。その一人が、香山県の西に位置する広東省新会県に生まれた陳少白であった。アメリカ系教会学校の広州格知書院に学んで洗礼を受けた彼と知り合うと、まもなく孫文は西医書院への転校を斡旋した。そして光緒一六年(一八九〇年)頃、孫文とは同郷の旧友であり尤列と同じく広州算学館に学んだ楊鶴齢《ようかくれい》は、父が香港で経営する楊耀記という商店を、彼らのサロンとして提供する。

西医書院に在学中の孫文と陳少白、ベトナムをめぐる清仏国境画定委員を経て香港政庁に勤

四大寇(左から楊鶴齢・孫文・陳少白・尤列，後ろは孫文の学友・関景良．前掲『孫中山』)

めていた尤列、そして広州算学館を卒業した楊鶴齢。彼らは、この楊耀記で「朝廷を敬うなかれ」と唱えて「造反」を論じ、太平天国(一八五一～六四)を創始し清朝と敵対した洪秀全の偉業を称賛し、「四大寇(四人の無法者)」と称したという。これには博済医院付設医学校を退学し郷里で薬局を開業していた鄭士良や、上海で電報学堂に学び安徽省蕪湖県で電報局に勤めていた陸皓東も加わることがあった。

彼らとは別に光緒一七年二月五日(一八九一年三月一四日)、香港で一六人の青年が輔仁文社という団体を組織する。その「社長」に選ばれた楊衢雲《ようくうん》は、イギリス領海峡植民地のペナンから帰国した福建省澄海県出身の家庭に生まれた。彼は香港でカトリック系の聖ジョゼフ書院の英語教員や、輪船招商局(李鴻章が設立した汽船会社)の書記を経て、ユダヤ系商社のサスーン商会で副支配人を務めている。いま一人の中心人物である謝纘泰《しゃさんたい》は、シドニーで洪門会党の指導的地位にある父の下に生まれたキリスト教徒で、一六歳で帰国すると香港の中央書院に入学する。輔仁文社は「心を尽くして国を愛する」を宗旨として、光緒一八年二月一五日(一八九二年三月一三日)に常設の集合地点を定めた。その綱領は主に道徳的自己研鑽を説く内容だったが、真の目標は満洲人支配の打倒であったという。これは明確に組織された革命団体としては中国で最初のものだが、具体的な実行計画を持つにはいたらず、いまだ革命言論の段階にとどまっていた。

民族意識と「滅満興漢」

これら二つの革命サロンともいうべき青年集団は、やがて相互に接触・交流するようになるのだが、この青年たちにはいくつかの共通点がある。まず彼らは、本章冒頭で述べた華南一帯の「僑郷」から香港などの港湾都市を経て、アジア・太平洋一帯の「華埠」へと拡がる華僑ネットワークの中から現れ、外国との接触により高揚し始めた中国人の民族意識を共有していた。当時の香港には、中国人の居住区域や夜間外出の制限といった差別が存在し、楊衢雲は同胞が外国人に虐げられるのを見るたびに不満を覚えたという。また、アロー戦争や清仏戦争の際に反英・反仏暴動が発生し、特に清仏戦争が孫文に刺激を与えたことは、先に述べた通りだ。

なお、アヘン戦争中に広州郊外の三元里で住民がイギリス軍と衝突したように、中国内地でも排外事件は起きている。しかし、それらは地縁・血縁共同体といった具体的な生活空間の防衛が、その主要な目的であった。これに対して、外国の統治下で移民社会を形成していた香港住民の流動性は、依然として高い。自身が直接の被害者ではない戦争に際して集団行動を起こしたのは、差別的な政策や処遇により、抽象的な民族としての中国人に対して自己を帰属させる意識を抱いたためだろう。このような帰属意識を、孫文たちも共有していたのである。

また、伝統中国の知識人が儒学を学び科挙に通って、ピラミッド状の官僚機構を上昇していくことを目指したのとは異なり、これらの珠江三角州一帯に出現してきた青年たちは、西洋式教育を受けており、近代的知識・思想による中国の改革を望んだ。孫文は郷里で治安改善に着手したほか、光緒一六年(一八九〇年)に同郷の退職官僚・鄭藻如《ていそうじょ》に農業・教育の改良を進言している。陸皓東・尤列と輔仁文社員の周昭岳らは、順徳県で養蚕業の近代化を試みた。

彼らの先駆を成したのが、孫文の恩師である何啓《ごけい》や伍廷芳《ごていほう》・黄勝《こうしょう》・韋玉《いぎょく》などの新興知識人であった。いずれも立法局議員に任じられて香港政庁に協力する一方、慈善・福祉団体を運営して中国人住民の福利を促進した人々である。さらに彼らは中国語新聞を発行し、中国人住民の利益を代表して香港政庁の政策を批判するだけでなく、中国政治の改良・近代化を主張することもあった。これは中国内地の官僚や学者とは異なり、儒教文明や王朝体制よりも民族としての中国人の地位を擁護しようとしたもので、やはり移動人口の民族意識を示していよう。

　そして、この青年たちが自己の民族意識の源流として見出したのが、洪門会党に受け継がれた太平天国が唱えた「滅満興漢」思想だったことは、決定的な意味を持つ。彼らが帰属意識を抱いた中国人とは漢人のことであり、満洲人という異民族の支配によって発展が妨げられたために、中国が列強の圧迫に対抗しえないのだと考えたのである。特に洪秀全の経歴は、この青年たちにとって親近感を覚えやすく、また清朝打倒を目指す運動の原型を提供するものだった。彼は広州の北に位置する花県の出身で、なかなか科挙に合格できずキリスト教の影響を受けて上帝教を創始し、太平天国を樹立して一時は清朝を危機に陥れている。その後も、太平天国は広東地域社会に影響を残しており、孫文は幼時に郷里で太平天国軍の生き残りの老人から、しばしば洪秀全の事績を聞かされていたという。

　こうして清帝国の最周縁部に位置し、外部世界との接点を成す港湾都市で、王朝の転覆を図る陰謀が、徐々にうごめきだしたのである。

2　興中会

広州での「興中会」発起

光緒一八年六月三〇日(一八九二年七月二三日)、孫文は西医書院を最優秀成績で卒業した。なお一二名の第一期生のうち、この時に医師免許を取得して卒業できたのは、孫文と江英華《こうえいか》の二名のみである。彼らの恩師カントリーは、同校の支援者で清朝の最有力官僚だった直隷《ちょくれい》(河北)総督兼北洋大臣の李鴻章に、この二名を推薦して任用を求めて承諾を得た。だが、広東・広西両省を管轄する両広総督府に妨げられたため、実現しなかったという。

このような恩師の計らいを孫文がどう思ったのかは定かでなく、もしこの任官が実現していたら彼は革命家の道を歩まなかったのだろうかと、つい後世の我々は考えたくなる。李鴻章といえば、軍事・産業・教育の近代化を図る洋務運動の旗手である。その幕下に入り既存体制内で祖国の発展に貢献するという栄達の道が、わずかずつではあるが西洋式教育を受けた青年にも開かれつつあった。たとえ王朝転覆という大逆非道の野心が胸に萌していたとはいえ、前年に故郷で長男の孫科が生まれていた二五歳の孫文には、そのようなはるかに穏健かつ現実的な人生行路も、また少なからぬ魅力を持つものであったろう。

結局、孫文は医師として世に出る決心をするのだが、開業の地に選んだのが澳門であったことは、そのような心の揺れを示すものかもしれない。この頃に澳門では、やはり香山県出身の企業家・改良思想家である鄭観応が著作集『盛世危言』を編纂しており、これに孫文の農業改良を唱える文章も収録されることになる。鄭観応は、外国企業と取引する買弁《ばいべん》といわれる商人から身を起こした人物で、李鴻章とも関係があった。ことによると孫文は、同郷の先輩を通じて李鴻章に接近する希望を、捨てていなかったのかもしれない。

孫文を直接に招聘したのは、彼に家人の診察を依頼したことのある澳門の富商たちであった。彼らが共同で運営する慈善病院の鏡湖医院で、孫文は給与を受け取らない無償奉仕の医師となったのである。翌年六月一七日(一八九三年七月二九日)に彼は、同院から資金を借用して自ら中西薬局を澳門に開業する。だが、その医術が次第に好評を博すようになると、ポルトガル人医師や中国人漢方医の嫉視・排斥を招くことになった。

光緒一九年(一八九三年)秋、ポルトガルの医師免許を持たないことを指摘された孫文は、広州に東西薬局を開設して澳門から医療活動の拠点を移す。それとともに彼は、尤列・鄭士良・陸皓東・周昭岳やキリスト教徒の区鳳墀・左斗山・王質甫らと、再び天下国家を論じるサロンを形成する。同年初冬、孫文が「韃虜《だつりょ》を駆除し、華夏を回復する」を宗旨とする興中会の結成を提議すると、これには一同が賛意を示しただけでなく、翌日に香港へ赴いた尤列から伝え聞いた楊衢雲も同意したという。「韃虜」は満洲人の蔑称で「華夏」は中華を意味する。きわめて明確な「滅満興漢」民族主義思想の表明であり、これが以後一八年間にわたり革命運動の基本的な主張となる。この頃には既に郷里で三合会と連絡していた鄭士良との再会により、孫文は再び満洲人による支配を敵視する民族主義へと急進化したのかもしれない。

なお、清朝は確かに満洲人の王朝であったとはいえ、このような「排満」の主張は必ずしも現実に即したものではなかった。清朝の統治方針は「満漢を分かたず、ただ旗民を問う」、すなわち満洲人が漢人を支配するというものではなく、旗人《きじん》と称される支配階層も被支配者である人民も、決して均質な単一の民族ではなかったのである。「旗」は満洲人の軍事集団かつ社会組織の単位で、八通りの旗印により「八旗」に区分されたが、清朝の成立に協力したモンゴル人や漢人も旗人に加えられ、それぞれ八旗満洲・八旗蒙古・八旗漢軍に編成された。

しかも八旗満洲の内部には、ダフール・エヴェンキ・シボなどの「新満洲」と総称される満洲系の諸民族、さらには清朝に帰順したロシア・朝鮮・ウイグル・チベットなど、きわめて雑多な民族が少数ながら含まれる。被支配者も最大多数派は漢人であるが、「苗〔ミャオ〕」「僮〔チワン〕」などと称された非漢族も西南諸省には居住していた。それにもかかわらず、孫文らは清朝統治下の支配‐被支配関係を、満洲人と漢人との民族関係に単純化したのである。

李鴻章への上書

だが孫文は、すぐに王朝打倒の陰謀に邁進するのではなく、いささか不可解な行動に出た。李鴻章に自身の任用を直訴すべく、八方手を尽くして上書を試みたのである。光緒二〇年（一八九四年）初頭、孫文は広州の東西薬局を留守にして故郷の翠亨村に蟄居《ちっきょ》し上奏文を執筆すると、広州に戻って陳少白に推敲を求めた。その内容は、教育・農業・鉱工業・商業の近代化を唱え、海外視察への派遣を訴えるものだった。そして、自身の患者であった退職官僚・魏恒の紹介状を得て上海へ赴くと盛宙懐という人物を訪ね、その従兄で李鴻章の幕僚である盛宣懐《せいせんかい》への紹介状を手に入れる。

さらに上海では、同地に滞在していた鄭観応からも盛宣懐への紹介状を受け取った。また王《おう》韜《とう》という人物からは上奏文の校閲を受けるとともに、やはり李鴻章の幕僚である羅豊禄らへの紹介状を得た。王韜は太平天国に内通したことから香港に逃れ、前記のジェームズ・レッグを助けて四書五経を英訳し、またヨーロッパや日本を遊歴しつつ香港で中国語新聞を創刊した改良思想家である。なお、この北上に一貫して陸皓東が同道していたのは、盛宣懐が創設した電報学堂・電報局に彼が在籍していた関係に、孫文が期待したためだろう。

こうして孫文は、考えうる全ての関係を駆使して同年五月(六月)、李鴻章の所在地である天津へと向かうのだが、いかんせん時期が悪すぎた。朝鮮半島をめぐって日本との戦争に備えている最中の李鴻章には、無名の西洋医が説く近代化論に耳を傾ける暇はなかった。この上奏文が九月(一〇月)に上海のキリスト教会系雑誌『万国公報』に掲載されたことが、孫文にとっては唯一の成果となる。「排満」革命団体の結成に踏み出していた孫文の、この北上の動機については従来も議論が絶えず、この時点で彼は確固たる革命家とはなっていなかったという見解もあれば、逆に彼は李鴻章を説得して革命への賛同を求めようとしたという珍説まである。

決定的な証拠はないものの前後関係から推察するに、孫文の思想は体制内での改革よりも体制そのものの転換へと傾きつつあったが、このあまりにも大胆かつ危険な道へと歩み出す前に、いま一つの穏健かつ安全な選択肢を、可能な限り試しておきたかったのではないか。そして洋務派官僚による任用という栄達の道が、自身には開かれていないことを悟った時、ホノルル・香港で西洋式教育を受けたキリスト教徒の孫文は、伝統王朝とは根本的に異なる国家へと中国を改造する、革命の道を最終的に選び取ったのであろう。

ハワイでの「興中会」結成

六月(七月)末に日清両国が交戦状態に入り、八月(九月)に平壌の戦いと黄海海戦で李鴻章麾下の淮《わい》軍・北洋艦隊が大敗を喫していた頃、孫文は上海を発ちホノルルへ渡った。在住華僑から武装蜂起の資金を募るためである。彼には幸いなことに、当時のハワイは政治的変動のただなかにあり、華僑の間で民族主義的気運が高まっていた。市場拡大のためにアメリカとの併合を望む砂糖業者を中心に、アメリカ系住民が西暦一八八七年に秘密結社のハワイ同盟を結成する。彼らは独自武装組織のホノルル・ライフル隊を動員してカラカウア王に圧力をかけ、王権の制限や白人が優位に立つ議会の権限強化を定めた、いわゆる「銃剣憲法」を制定させた。

これに対して翌々年、アメリカ人と先住民の混血青年ロバート・ウィルコックスが自由愛国協会を組織して、王権の回復と先住民の地位向上を実現すべく反乱を起こし、ホノルル・ライフル隊に鎮圧されたのだが、この反乱には一部の華僑が参加していた。これは華僑にハワイ王朝や先住民と友好的な関係を築いていた者が多く、また併合によりアメリカの中国人排斥法が、ハワイにも適用されることを懸念したためだろう。

カラカウア王が死去すると妹のリリウオカラニ女王が後を継いだ。彼女が西暦一八九三年に

興中会の結成会議は，まず何寛の自宅で開かれたが，手狭なためこの李昌の自宅に場所を移して行なわれた（前掲『孫中山』）

王権の回復を企図し議会を無視して新憲法を公布すると、反発する併合派はホノルル・ライフル隊に宮殿を制圧させる。これに呼応してアメリカ公使もアメリカ海軍・海兵隊を上陸させ、女王は退位しハワイ王朝は滅亡した。同年に「学術の研究、知識の交換」を宗旨とする華僑団体の中西拡論会が結成されたが、その会員の何寛はウィルコックスの反乱に加担して罰金刑を科された経歴を持つ。華僑の民族的危機意識が同会成立の背景にあったことが窺われる。西暦一八九四年七月四日、併合派の主要人物サンフォード・ドールを大統領とするハワイ共和国が成立し、制定された新憲法は実質的に非白人の参政権を認めないものだった（ハワイ革命）。まさにこのような一大転換期にあるハワイへ、孫文は到着したのである。

光緒二〇年一〇月二七日（一八九四年一一月二四日）に孫文は、中西拡論会の成員を中心に二〇人余りの参加を得て興中会を結成する。この時、全員が左手を聖書に置き右手を挙げて、「韃虜を駆除し、中国を回復し、合衆政府を創立する」と唱える宣誓を行なった。最初の二項目は言うまでもなく、前年の広州興中会の宗旨と同じ「排満」の主張である。最後の項目に含まれる「合衆」は、「ユナイテッド・ステーツ」すなわち州連邦の訳語である「合衆国〔衆《おお》くの国を合わせた〕」に由来する。しかし次第に「衆人が合して」建てる共和政体を意味するようになった語である。孫文が王朝体制に替えて中国に樹立しようとしたのは、アメリカに倣った連邦制あるいは共和制だったことが、ここに初めて表明されている。

既に述べたように孫文自身は西洋志向が強かったのに対し、ハワイ在住華僑にとってアメリカは警戒の対象だったが、彼らはアメリカ人により滅されたハワイ王朝を、日清戦争で劣勢に立つ祖国に重ね合わせたのだろう。この際に定められた章程は、次のように唱える。

堂々たる中華が隣国に対抗できず、文物・礼節が異民族に軽侮されている。〔中略〕そもそも四億もの多数の人民、数万里もの豊饒な土地があれば、発憤して強者となり、天下無敵となりうるはずだ。しかし、愚かな奴隷が国を誤り、民を害したため、一度転んで立ち上がれぬような、極端な状態に陥ってしまった。今や強力な隣国が取り囲み〔中略〕瓜分〔瓜を切り分けるように版図を分割すること〕の危機が目前に迫っている。

ここには、その国土・人口の規模ゆえに世界最強の国家を建設しうるはずの漢人が、満洲人の専制支配により発展を阻害されたため、列強の圧迫を受け亡国の危機に瀕しているという、孫文の現状認識が表明されている。清朝に対する批判は曖昧な表現にとどまり、体制変革の明確な主張はないが、これは政治的危険を恐れる華僑の心理に配慮し、広範な動員を可能にするための措置だろう。

この時の加入者のうち、李昌と宋居仁は太平天国に参加したキリスト教徒を父に持ち、李昌はハワイ移住後に王朝政府の通訳を務め、宋居仁はウィルコックスの妹と結婚していた。彼らはマウイ島へ渡ると孫眉を説得して興中会に加入させ、孫眉はカフルイ分会主席として会員を募るとともに、家畜を廉価で売却し武装蜂起の資金として寄付する。あれほど弟のキリスト教入信に反対した彼も、ハワイ革命や日清戦争により民族意識を高揚させていたのだろう。

彼の紹介で興中会員となったマウイ島パイアの鄧蔭南は、太平天国や三合会に参加した経歴を持ち、やはり同地の分会主席として加入者を集め、さらに自身の家産を売却して武装蜂起に参加すべく自ら帰国する。最終的にハワイ興中会の加盟者は約一三〇名に達し、孫文は彼らから集めた資金を手に、数人の賛同者と共にホノルルを発った。なお、香港への帰路に横浜へ寄港した際、在住華僑の譚発と面識を得たことは、やがて新たな支持基盤を築く端緒となる。

香港での「興中会」結成

光緒二一年一月一日（一八九五年一月二六日）に香港へ戻った孫文は、陸皓東・鄭士良・陳少白・尤列・楊鶴齢らの同志を集めて、一月二七日（二月二一日）に興中会を組織する。これには楊衢雲・謝纘泰・周昭岳らの輔仁文社も合流し、また香港商人の余育之や黄詠商（黄勝の次男）も加入したが、彼らはハワイの興中会と同様の方式で、「韃虜を駆除し、中華を回復し、合衆政府を創立する」と宣誓した。この時に定められた章程はハワイのものに修訂を加え、「政治は修まらず綱紀は乱れ、朝廷は爵位・官職を売り、公然と賄賂が行なわれている。役人は人民・土地から搾取しており、虎や狼よりも暴虐だ。盗賊が横行し、飢饉が頻発し、難民は野に満ち、人民は生きていけない」という、やや明確な清朝に対する批判を含む。

また、「中国が一旦、他国によって分割されてしまえば、子々孫々まで代々奴隷となり、一家の生命・財産さえ保てないことを考えないのか」と、より切迫した亡国の危機感も表明されている。しかし、危機に対処する方策としては抽象的な啓蒙の必要性を主張するばかりで、わずかに「上は国家を正して善政を実現し、下は人民を守って圧政を消滅させる」という一節が、政治運動としての性質を窺わせるのみである。これもハワイの際と同様に、おそらく官憲の目を逃れるための措置であろう。

武装蜂起とその失敗

こうして興中会を組織する一方、孫文は不可解な行動に出る。二月五日(三月一日)から幾度か日本の香港駐在領事・中川恒次郎を訪ね、「興中会即チ中国ヲ興スノ会」の武装蜂起計画を告げ、「銃砲二万五千挺、短銃一千挺程」の提供を求めたのである。この時、日清戦争の大勢は既に決しており、二月二三日(三月一九日)には李鴻章が清国全権代表として下関に到着する。だが、いまだ東北部では戦闘が継続していたため、中川が「清国ニシテ兵勢ヲ北方ニ聚《あつ》メ飽《あく》マテ我レニ抵抗スルモノナラハ、南方ニ於テ彼等ニ事ヲ挙ケシメ、以テ後顧ノ患《うれい》ヲ与へ、其ノ勢ヲ殺《そ》クモ又一策ナル歟《か》」と外務省通商局長の原敬に報告したように、清国を牽制して交渉を有利に進めるため、日本が華南で反乱の勃発を促すという選択肢は確かにあった。

しかし、「両広(広東・広西)ヲ独立セシメテ共和国トナス」、すなわち日本の援助を得て華南に割拠するという孫文の計画を、中川は「空中楼閣タルニ過キス」と退けたため、この交渉は不調に終わっている(三月二三日(四月一七日)に下関条約調印)。ここに再び共和政体の樹立という体制構想が現れていることは注目に値するが、亡国の危機感を抱く孫文が他ならぬ敵国である日本に援助を求めたことは、後世の視点からは奇異に思われる。だが、これは彼個人の独断専行ではなく香港興中会としての合意に基づく行動だったようで、あくまでも彼らが満洲王朝のみを敵と認識していたことが窺われる。そして中国の中央政府を打倒する革命運動のために、敵の敵は味方とばかり外国勢力の支援を求めるという行動様式は、ほぼ孫文の革命生涯を通じて維持されていくのである。

二月(三月)から約半年をかけて、広州城の襲撃・占拠を目標とする武装蜂起の準備が進行し、また陸皓東の考案した青天白日(青地に白い太陽)旗が採用された(後の中国国民党旗)。ハワイ華僑や余育之・黄詠商からの寄付という、決して十分とはいえない資金を費やして、三合会に所属する鄭士良らの興中会員が、広東省内各地の会党に働きかけて多方向から広州城を攻撃させ、さらに楊衢雲が香港で動員した会党員が船で広州城に潜入するというのが、彼らの採用した「道を分けて城を攻める」計画である。

孫文は区鳳墀・左斗山・王質甫・王煜初といった教会関係者の協力を得て、広州城内に武装蜂起の拠点を設け武器・弾薬を運び込む一方、これを偽装すべく農学会と称して、発起人には孫文と同郷で賭博経営により財を成した劉学詢らの有力者を迎えた。また、この計画には恩師

陸皓東(劉悦姒主編『国父革命史画　中山精神永不朽』国立国父紀念館,1996年)

の何啓も加担している。彼から孫文らに紹介された香港の英字紙『チャイナ・メール』の編集長トーマス・リードは、西洋世界に対して開かれた中国の建設が、新興青年知識人たちにより企図されていると唱えて、興中会に有利な世論の形成を図った。

ただし、尤列・楊鶴齢は次第に蜂起計画に対して消極的になっていく。また八月二二日(一〇月一〇日)に蜂起後の「伯理璽天徳(プレジデント)」、すなわち大統領となるべき興中会長を選ぶにあたり、広州の孫文派と香港の楊衢雲派とが対立した。孫文より五歳年長の楊衢雲を選出することで一応の決着を見たが、このような不和が蜂起の実行にあたり再び表面化する。広東省の習俗で人々が墓参に赴く九月九日(一〇月二六日)に、三〇〇〇人の会党員を香港から広州へ向かう群衆に紛れ込ませて送り込み、これに省内各地の会党も呼応して挙兵するという計画は、直前に清朝・イギリス双方の当局に察知され、広州・香港間の連絡の不備や会党動員の不調もあって未遂に終わる。孫文・陳少白・鄭士良は香港へ逃亡したが、陸皓東が広州で逮捕・処刑され、中国革命運動の最初の犠牲者となった（享年二七）。

この広州蜂起が失敗した原因は、内紛や脱落者に見られる興中会の組織的脆弱性、資金・武器の不足や散漫な会党組織への暫時的な依存に表れた社会基盤の欠如、そして何より華南における帝国最大の統治拠点を容易に攻略しうると考えた浅慮など、いくつも挙げられる。しかし、つまるところは辺境の一〇人程度にすぎない二〇～三〇代の新興知識人が、衰退の途上にあり敗戦の打撃に見舞われていたとはいえ、巨大な中華帝国の打倒を図るという試みが滑稽なまでに無謀な、まさに蟷螂《とうろう》の斧であったということに尽きよう。こうして彼らの最初の挑戦は、無残な失敗として終わりを告げたのである。かけがえない盟友の犠牲とともに。

3　世界を味方に

反抗の意思

香港政庁から清朝へ引き渡されることを恐れ、九月一六日（一一月二日）に孫文は陳少白・鄭士良を伴って日本郵船の広島丸に乗船する。彼らは約一〇日後に神戸へ寄港したのち、九月二七日（一一月一三日）には横浜へ到着した。他方、楊衢雲も九月二七日（一一月一三日）に香港を離れ、サイゴン・シンガポール・マドラス・コロンボを経て、南アフリカのヨハネスバーグに着くと、在住華僑を集めて興中会分会を組織したという。横浜へ上陸した孫文は約一年前に知り合った譚発により、文経印刷店を経営する馮鏡如《ふうきょうじょ》を紹介される。そして同店の二階に陳少白・鄭士良と共に滞在することになり、やはり二〇人余りの在住華僑を集めて興中会分会を組織した。こうして彼らの運動は珠江三角州から海を越えて、世界へと拡大することになる。

孫文は持参した二点の書籍を馮鏡如に依頼して印刷し、海外各地の華埠へ送付して宣伝を試みた。一点は、清朝が中国を征服した際に発生した虐殺事件の記録『揚州十日記』である。もう一点は、明朝の遺臣として清朝に抵抗した黄宗羲の著書『明夷待訪録』のうち、君主による天下の私有を批判し臣下も公僕たるべきことを主張した「原君」「原臣」の二篇である。言うまでもなく前者は満洲王朝への敵意を扇動すべく、また後者は専制統治への批判として選ばれた宣伝材料であろう。

その後、鄭士良は香港へ戻って再起を期し、陳少白は横浜に残って拠点を守り、孫文は一人ハワイへ渡ることになったが、この時に孫文と陳少白は辮髪を切っている。辮髪は満洲人によって漢人に強制された習俗であり、これを切ることは清朝への徹底的な反抗の意思を示すものだった。彼らは亡命者となりながらも意気消沈することなく、自ら退路を断ちファイティングポーズを取ったのである。

ロンドンへ

ハワイは孫文にとって第二の故郷であり、それゆえ再起を期す拠点に選んだのだろう。だが、ホノルルでは同地駐在の清国領事が興中会員の調査を進めており、何寛のような中西拡論会の成員だった積極分子を除く多くの華僑は、故郷の親族に累が及ぶことを恐れて孫文との接触を避けた。既に広東省当局は一〇〇〇元の懸賞金をかけて孫文を指名手配しており、孫文の家族は、帰郷中だった陸皓東の甥であるハワイ興中会員の陸燦に伴われて出国している。孫文の父は他界していたが、母と孫眉夫人、妻の盧慕貞と長男の孫科、そして前年に生まれた長女の孫瑗は、孫眉の経営するマウイ島東南部クラの牧場に到着し、ここで孫文と合流する。

さらに光緒二二年一月二一日(一八九六年三月四日)には、治安と秩序を阻害したという理由で、香港政庁が孫文に対し香港への居留を五年間禁止した。彼はハワイ諸島を遊説したが支持者を得ることができず、アメリカに渡ることを考えていたところ、三月(四月)に偶然ホノルルの路上で帰国途中に同地を訪れた、香港西医書院の恩師カントリーと再会する。この機会にロンドンで医学を学ぶようカントリーが勧めたのは、武装蜂起という過激な行動に出た弟子を医業の道へ引き戻そうとしたのだろうが、この忠告を孫文がどう受け止めたのかは定かでない。ホノルルを発った孫文は、五月八日(六月一八日)にサンフランシスコへ到着する。中国人のカリフォルニア移住はゴールド・ラッシュを機に始まり、大陸横断鉄道敷設による労働力需要の増大がそれに拍車をかけた。サンフランシスコに形成された華埠には、同郷・同姓・同業などの互助団体が出現しており、洪門会党の系譜に連なる致公堂という組織も存在し、その支部が北米各地にあったものの、会員ではない孫文の支援要求は拒絶される。各地の華埠で遊説しつつアメリカ大陸を横断した彼は、八月一七日(九月二三日)にニューヨークを出航してイギリスへ向かい、八月二四日(九月三〇日)にリバプールに上陸し、翌日にロンドンへ到着した。

公使館監禁事件

八月二六日(一〇月二日)に孫文はカントリーの自宅を訪問するのだが、まもなく彼は大事件に巻き込まれた。清朝当局は孫文の足跡を把握し、イギリス到着後も探偵を雇って監視を続けており、九月五日(一〇月一一日)に彼はロンドンの清国公使館に、拘引・監禁されてしまったのである(具体的経緯には諸説ある)。公使館のイギリス人使用人にカントリーへの伝言を託した孫文の機転と、そして何より愛弟子の身を案じる恩師の奔走により、イギリス政府の要求や新聞各紙の報道の圧力を受け、ようやく九月一七日(一〇月二三日)に公使館は孫文を解放する。その翌日に彼は各紙編集長に書簡を送り、「私の中国公使館よりの解放をもたらしたイギリス政府の措置」と「新聞各紙の時宜を得た助力と同情」に感謝し、さらに次のように述べた。

イギリスに浸透している寛大な公共精神と、その人民の特質である正義への愛情を、他でもないここ数日に行なわれたことを通して、私は心より確信いたしました。立憲政体と開明的人民が意味するところを、今まで以上に理解・感得し、わが愛する抑圧下の祖国において、進歩や教育や文明といった理念を追求するよう、より積極的に私は促されたのです。

孫文『ロンドン遭難記』
(前掲『国父革命史画』)

ここで孫文が、自身の解放をもたらしたイギリス国家・社会の先進性・開明性を称賛しながらも、中国における君主制の打倒と共和制の樹立という自身の目標に触れることを避けたのは、穏健な進歩主義を貴ぶ立憲君主国イギリスの世論への配慮かもしれない。

時の人となった彼は一二月一九日(一八九七年一月二一日)、

武装蜂起の顚末と監禁事件の経緯を叙述した『ロンドン遭難記』を刊行し、好評を博した。この手記も前記書簡もカントリーの代筆だとの説があり、それが穏健な言辞の理由なのかもしれないが、監禁中の心境を「私は全く絶望してしまい、ただ神に祈ることによってのみ、いくらかの慰めを得ることができた。物憂い昼と、さらに物憂い夜が幾度も過ぎ、もし祈りが与えてくれる慰めがなかったならば、私は正気を失っていたに違いない」と記したのは、率直な告白であろう。無論、このようなキリスト教の信仰の表明には、イギリス読者の好感を呼ぶ効果があったかもしれないが。

その後、約八か月のロンドン滞在中に孫文は、少なくとも六八回は大英博物館図書館に通い、政治・外交・法律・経済・軍事から農業・牧畜・鉱業・技術に至るまで、広範かつ雑多な文献を渉猟した。この頃に閲読したらしい、アメリカ人社会活動家ヘンリー・ジョージの著書『進歩と貧困』は、やがて彼の土地政策をめぐる着想の源となる。また、同館に滞在していた日本の博物学者・南方熊楠と出会い親交を結ぶようになった。孫文の「一生の所期は」という問いに南方は、「願わくはわれわれ東洋人は一度西洋人を挙げてことごとく国境外へ放逐したきことなり」と答えたと伝えられる。なお、この間にハワイでは次女の孫琬が生まれている。

宮崎寅蔵との出会い

光緒二三年六月二日(一八九七年七月一日)にロンドンを発った孫文は、カナダを経て七月一九日(八月一六日)に横浜へ着き、再会した陳少白を通じて生涯の盟友となる宮崎寅蔵(滔天《とうてん》)と出会う。熊本県出身で自由民権運動の影響を受け、中国革命を通じた世界の変革を志す宮崎は、衆議院議員・犬養毅の斡旋で外務省機密費を得て中国革命派の調査を開始し、横浜で陳少白と出会い『ロンドン遭難記』を示されていた。そして陳少白の寓居で、初めて孫文と面会したのである。この際の会話を宮崎は、西暦一九〇二年に発表した半生記「三十三年の夢」に記している。これは孫文が初めて自身の政治思想を詳細に語った貴重な記録である。

宮崎寅蔵(前掲『国父革命史画』)

まず「革命の主旨」と、その「方法手段」に関する宮崎の問いかけに、孫文は「余は人民みずから己を治むるを以って、政治の極則なるを信ず。故に政治の精神においては、共和主義を執る」と明確に答えている。そして、ことによるとイギリス滞在中に投げかけられたのかもしれない、懐疑的あるいは冷笑的な見解に反駁を試みる。

人あるいはいわんとす、共和政体は支那の野蛮国に適せず、と。けだし、事情を知らざるの言のみ。そもそも共和なるものは、我が国治世の神髄にして、先哲の偉業なり。すなわち我が国民の古《いにしえ》を思うゆえんのものは、ひとえに三代の治を慕うによる。しかして三代の治なるものは、実に能《よ》く共和の神髄を捉え得たるものなり。

「三代」とは理想化された古代王朝の夏・殷・周を指すが、その治世がどう「共和の神髄」を捉えていたのかは詳述されていない。だが、次のような主張は、彼自身が故郷で体験した伝統的な村落自治が、中国に共和政体を導入する条件になりうる、という認識を示す。

試みに清虜の悪政に浴せざる僻地荒村に至り見よ、彼らは現にみずから治むるの民たるなり。その尊長を立てて訴えを聴かしむるところ、その郷兵を置きて強盗を防ぐところ、その他いっさい共通の利害、みな人民みずから議してこれを処理するところ、豈《あ》にこれ簡単なる共和の民にあらずや。

孫文の構想する共和制は中央集権的な体制ではなく、どうやら連邦制と組み合わされたものであったようだ。彼は「国内ひとたび擾乱《じょうらん》の勃興するあるや、地方の豪傑要処に割拠して、たがいに雄を争う。長きは数十年にわたりて統一せざるものあり」と、革命が群雄割拠を引き起こすことを懸念し、「今の世また、機に乗じて自私をいとなむ外強なきを保すべからず」と、これに列強が介入する危険性も指摘する。だが、むしろ唯一無二の帝王がいない連邦共和制の下でこそ、割拠勢力の平和共存が可能になると楽観していたようで、「この禍《わざわい》を避くるの道、ただ迅雷耳をおおうに暇《いとま》あらざる的の革命を行うにあり。同時に地方の名望家をしてその処を得せしむるにあり。かくて名声威望ある者をして一部に雄たらしめて、中央政府能《よ》くこれを駕《が》御《ぎょ》せんか、遂にはなはだしき紛擾を見ずして落着するに至らん」と述べている。

そして、日本の支援を受けて華南に割拠するという、二年半前の構想を彼は持ち続けていたのだろう。「支那蒼生のため、亜州黄種のため、また世界人道のために、必らず天のわが党を祐助するあらんことを。〔中略〕わが党発奮して諸君の好望に負《そむ》かざるを努むべし。諸君もまた力を出だして、わが党の志望を助けよ。支那四億万の蒼生を救い、亜東黄種の屈辱をすすぎ、宇内《うだい》の人道を回復し擁護するの道、ただ我が国の革命を成就するにあり」と、人種的共通性を前提に日本人の協力を求めたのは、先に述べた南方との会話から着想を得たのかもしれない。

宮崎との出会いは確かに多くの新たな可能性を、孫文の運動に開くことになった。宮崎を通じて犬養に紹介された孫文は、日本政府から滞在許可を取り付けると、横浜を活動の拠点とするようになる。在住華僑が少なく積極的な支援者もほとんど現れなかったイギリスと異なり、当時の日本には横浜に相当規模の華埠が形成されていただけでなく、東洋諸民族の連帯による西洋列強への対抗を望む、宮崎のようなアジア主義者が少なからずいたためである。その関係を通じて孫文はフィリピンの独立運動家マリアノ・ポンセと知り合い、お互いに武装蜂起を支援しあうようになる。ただし、孫文自身が宮崎らと同様のアジア主義者であったかというと、後述する通り必ずしもそうではないようだ。

興中会と保皇会の接近と決裂

光緒二四年(一八九八年)秋、西太后が発動した戊戌《ぼじゅつ》政変により失脚した、変法運動の指導者である康有為と弟子の梁啓超を日本へ亡命させた宮崎は、犬養の協力も得て彼らと孫文の合作を斡旋する。広州に私塾の万木草堂を開いていた康有為の一門は、興中会との間に広州蜂起以前から交流があった。しかし、日本に倣った立憲君主制の採用を唱えて光緒帝に抜擢された康有為は、亡命後は幽閉された光緒帝の救出と復権すなわち「勤王」を望み、王朝の打倒を目指す孫文との協力を拒んだ。康有為は光緒二五年(一八九九年)にカナダへ渡ると、ビクトリアの華埠で保皇会を組織し、次第に興中会と在外華僑の支持を競い合うようになる。

しかし、梁啓超や湖南省で変法運動を主導していた唐才常は、興中会との提携に積極的であった。光緒二五年九月七日(一八九九年一〇月一一日)、香港で陳少白と宮崎が三合会の頭目数人と、さらに唐才常の同志で興中会に加入した畢永年の紹介を受けた、湖南省の洪門会党・哥老《かろう》会の頭目数人と会見する。彼らは興中会・三合会・哥老会により興漢会を結成することを決め、孫文を会長に推挙した。こうして孫文が珠江三角州の新興知識人という従来の枠を超え、日本人アジア主義者や長江流域の変法派にまで提携相手を拡げていくと、光緒二四年(一八九八年)春に横浜へ到着した楊衢雲は、光緒二五年一二月二四日(一九〇〇年一月二四日)に興中会長の地位を譲り渡す。こうして孫文の革命派内部における指導的地位は確固たるものとなった。

この頃に孫文は、前述のヘンリー・ジョージにも言及しつつ初めて土地国有化の構想を語り、梁啓超からは古代中国の井田《せいでん》制や社会主義に通じるものと評されている。孫文は梁啓超・唐才常らの勢力と提携して、華中・華南で武装蜂起を発動することを企図した。そのための世論工作として光緒二五年一二月二五日(一九〇〇年一月二五日)、陳少白が香港で中国最初の革命派機関紙『中国日報』を創刊する。これは「中国は中国人の中国なり」という民族主義的趣旨に基づき命名されたものであった。

光緒二六年五月一〇日(一九〇〇年六月六日)、孫文は東京でフランスの日本駐在公使ジュール・アルマンと会う。そして、「満洲王朝の打倒と新社会秩序の創出」、すなわち「広東・広西・福建を中心とする独立民主共和国」を樹立すべく、武器と軍事顧問の提供を求めるとともに、その見返りとして華南における特権の供与を申し出たという。これをアルマンは婉曲に拒絶したが、孫文の要求に応じてインドシナ総督ポール・ドゥメールに紹介状を書いている。この孫文の行動は、五年前に日清戦争を背景として日本に支援を要求したように、帝国の中枢である華北における義和団の拡大や、それをめぐり清朝と列国の対立が先鋭化していた、当時の状況と関係があろう。権益の供与という対価の提示は初めてのことだが、その後も彼は類似の行動を取り続ける。

五月一二日(六月八日)に孫文は横浜を発ち、五月二一日(六月一七日)に香港へ着く。まだ上陸を禁じられていたため彼は船上に同志を集め、鄭士良が三合会を動員して蜂起する計画を協議したのち、ハノイに移動して五月二五日(六月二一日)にフランス領インドシナ総督府へ支援を求めたが、不調に終わる(同日、清朝は列国に宣戦布告)。また、シンガポールで康有為との協議を試みた宮崎は刺客と誤認されて拒絶に遭い、イギリス領海峡植民地当局に勾留されてしまう。孫文の奔走で宮崎は釈放されたが、これにより興中会と保皇会は完全に決裂した。

繰り返される失敗と深まる危機

他方、香港では何啓が総督ヘンリー・ブレイクに対し、同年から両広総督を務めていた李鴻章を広東・広西両省で独立させ、さらに孫文をも協力させてイギリスの影響下に置く計画を説いている。これは武装蜂起による混乱やイギリス権益への影響を避けることを目的としたが、華南における割拠という孫文の構想とも矛盾するものではなかった。また北方で進行中の義和団戦争に対して、盛宣懐の主唱により李鴻章を含む華中・華南の総督・巡撫が、朝廷の宣戦布告を無視して列国と協定を結んだ「東南互保」も、その背景を成している。しかし、ブレイクは賛同したものの本国政府の許可が得られず、また戦争に対処すべく朝廷から直隷総督・北洋大臣に任命された李鴻章が、六月二〇日(七月一六日)に広州を離れ香港を経て北京へ向かったため、この両広独立計画は失敗に終わった。

それでも孫文は何啓の協力を得て、楊衢雲・陳少白・鄭士良・鄧蔭南・謝纘泰らと連名でブレイク宛ての上書と、清朝に代わるべき新政権の構想を作成する。後者では憲法制定・議会開設や司法・科挙の改革といった、従来よりも具体的な制度変更を述べる一方、列国の公使・総領事を中央・地方政府の顧問とし、産業・交通の利益を等しく分けるべきことを記した。これは、イギリスのみならず列国の協力を得て、新体制を樹立する意図を示すものだろう。しかし、七月二〇日(八月一四日)に八か国連合軍が北京に入城し、西太后・光緒帝が西安へ避難すると、イギリスが割拠勢力を援助する必要はなくなり、この構想がイギリス当局の注意を引くこともなかった。さらに長江流域における蜂起計画も清朝当局の弾圧に遭って、唐才常は逮捕・処刑された。こうして一つまた一つと、孫文の提携相手が消滅したのである。

閏八月五日(九月二八日)に孫文は、日本の植民地であった台湾の基隆に到着する。これに先立ち台湾総督・児玉源太郎は北方の戦乱に乗じ、対岸の福建省厦門の占領を企てたが列国や本国政府の反対により失敗し、再起の機会を窺っていた。児玉の意を受け台北で孫文と会った民政長官の後藤新平は、蜂起軍が広東省東部の沿岸地帯で武器の供給を受け、厦門まで東進して同地の台湾銀行支店の所蔵する資金を奪取するよう勧めたという。これを軍事介入の口実として日本が厦門を占領するのと引き換えに、日本の支援を得ることに孫文は同意したとされる。これが事実ならば、孫文は蜂起成功のためには、領土割譲すら辞さなかったことになる。

この時、どれほど孫文が切実に支援を必要としていたのかは、台北滞在中に彼が認めた一通の書簡にも表れている。その相手は、五年前の広州蜂起に際して関係のあった劉学詢だった。彼は李鴻章の意を受けて前年に東京で孫文と接触し、康有為の捕獲あるいは暗殺への協力を求めたといわれる。この年に劉学詢は既に広州で宮崎と、また上海で孫文と接触していた。この書簡で孫文は、広州占領を目指す蜂起計画の進展状況を大幅に誇張して伝え、これに劉学詢の協力が得られるならば、「総統と称そうが帝王と称そうが、私は必ず貴君を奉じて就任していただく」と約束したのである。少なくとも一時的に共和制の樹立を断念してまで、孫文は自己の運動への支援を必要としていたのだが、この工作も結局は未遂に終わっている。

閏八月一三日（一〇月六日）、鄭士良が故郷である恵州府下の帰善県で挙兵すると、蜂起軍は次々に官軍を破り一時は二万人余りにまで規模を拡大したが、孫文の指示を受けて広州攻撃計画を変更し厦門へ向かう。しかし、台湾総督府は本国の内閣交代もあって援助方針を撤回し、補給の尽きた蜂起軍は閏八月二九日（一〇月二二日）に解散を余儀なくされた。この際、孫文に派遣されて前線へ向かった日本人の山田良政が官軍に逮捕・殺害され、中国革命における最初の外国人犠牲者となっている。

こうして恵州蜂起が失敗に終わると、九月一九日（一一月一〇日）に孫文は、総督府により台湾を追放されて日本へ戻り、陳少白は香港で『中国日報』の発行を続けた。楊衢雲・鄭士良は相次いで清朝の密偵に暗殺され、謝纘泰は次第に独自の政治・言論活動に専念するようになる。

他方、義和団戦争に敗北して列国と屈辱的な北京議定書を締結した清朝の権威は失墜し、いっそう亡国の危機は深まっていくことになる。

このように、帝国の最南端で学生気分の残る青年たちのサロンから始まった王朝打倒の陰謀は、国内の諸勢力や列強の政府当局とも渡り合う指導者へと成長した孫文によって、いまだ成功の見通しは立たないながらも、次第に中国そして東アジアの動向に微妙な影響を及ぼす、本格的な革命運動へと脱皮しつつあった。時に孫文、三四歳。もはや若者ではない。

第2章
漂泊の預言者

1905年の孫文(前掲『孫中山』)

1　弟たち

兄貴分として

義和団戦争の敗北は清朝の権威を失墜させただけでなく、少なくとも約一〇〇〇年にわたり専制王朝体制と不可分の関係にあった、儒教イデオロギーという価値体系そのものを動揺させた。その結果、中国の国家と社会は根本的な変容を迫られることになる。「光緒新政」と総称される清朝が取った各種改革政策の企図したところは、約言すれば近代国家の建設ということになろう。

最も象徴的な政策が、光緒三一年（一九〇五年）の科挙廃止であり、またそれと表裏一体を成す欧米・日本留学の推奨である。いずれも統治に参与する人材に求められる学識が、儒教的教養から近代的科学へと転換したことを示す。そして、近代西洋の学術を効率よく消化・吸収していた明治日本が、至近かつ簡便な留学先として選ばれ、光緒三一〜三二年（一九〇五〜〇六年）には中国人留日学生数が約八〇〇〇人に上った。これは前章冒頭で述べた、首都・北京を頂点とする中国知識人の社会的上昇のピラミッドとは異なる、帝国各地から天津・上海・香港などの港湾都市を経て、日本の首都・東京に至る知識人の巡礼経路が形成されたこと、さらにこれを逆流して新しい知識や思想が、中国国内へ伝播されるようになったことを意味する。

この留日学生ネットワークが華僑ネットワークと交わるところで、孫文の革命運動は新たな提携相手を見出すことになる。この時に両者を仲介したのは、最年少の興中会員・馮自由《ふうじゆう》であった。彼は興中会の横浜分会長を務めた馮鏡如の息子で、光緒二一年（一八九五年）の同会創設時にわずか一四歳で加入したのである。また先に述べたように、孫文が梁啓超と土地政策を論じた際にも同席している。

光緒二七年（一九〇一年）春、清朝が広東省をフランスに割譲するとの流言が伝わると、この早熟な若者は同省の清朝からの独立を主張すべく、香港の富商家庭出身で翌年に自身の義兄となる李自重（一八歳）や、孫文と交流のあった王煜初牧師の息子である王寵恵《おうちょうけい》（一九歳）などの広東省出身の留学生、そして同省出身者の多い興中会員の横浜華僑と共に広東独立協会を結成する。これには孫文も支持を与えた。列強の圧迫に対する民族主義的危機感を抱く留日学生の前に、孫文が兄貴分的な先駆的革命家として姿を現し始めたのである。

三段階革命論

当時、孫文は自身の革命理論をさらに発展・深化させていた。大土地所有を批判して土地国有化を主張する一方、かつて初対面の宮崎寅蔵に語ったように、帝位を求める野心家同士の闘争による群雄割拠を警戒し、それを予防すべく段階的な革命の進展を構想し始めていたのである。これは、第一段階として軍政府が占領地域を軍法により支配し、第二段階では軍政府の統制下で兵士・兵糧の供出を課しつつ、地域住民に学校・警察・道路などの自治を行なわせ、この五年間の「約法」すなわち軍政府と地域住民の契約による統治という過渡期を経て、軍政府の干渉を撤廃する第三段階に至るというものである。「帝王思想」を抱く野心家には兵糧の提供を停止し、また兵糧供出を拒む地方は他地方が共同で懲罰すればよく、これにより群雄割拠を防ぐことができ、ひいては外国に干渉の隙を与えることを避けられると、孫文は考えたのである。この三段階革命論は彼独自の理論として、やがてさらなる発展を遂げることになる。

日本人への呼びかけ

他方、孫文は引き続き横浜・東京を活動の拠点に、日本人の支援を求め続けた。光緒二七年一一月一〇日(一九〇一年一二月二〇日)、板垣退助・伊藤博文・犬養毅らが名を連ねた有力アジア主義団体・東邦協会の機関誌が、孫文の著した「支那の保全・分割について合わせ論ず」を掲載する。日清戦争から義和団戦争を経て列強の中国分割が進む中で、日本には対中姿勢をめぐって「保全」派と「分割」派が現れていた。その「両方とも正しくない」と孫文は説く。

すなわち、「強大な隣国に贈ることはあっても、国内の逆賊には奪われたくない」、あるいは「支那の土地を他人に献上することはあっても、漢族に返還したくはないという」ほど、満洲人は「深く漢人を憎んでいるのだから、心を一つにして」中国を保全することは不可能だというのである。そして、「支那人民は外国人から見ると、ばらばらの連中で愛国的性質がないように見える。敵陣に臨めば戦わずして逃げ、事業を行なえば互いに押しつけあって、奮起することができないからである。それは清朝政府の下にいるためにすぎぬ」と、相次ぐ敗戦の原因を満洲王朝と漢人民衆との疎隔に帰す。

しかし、「漢人には決して清朝のために死力を尽くすものはいない」が、「国を失って二百年余り、なお復興の心を忘れず、異種族支配の災厄から脱却しようと願って」おり、また「もし列強がこぞって、風俗が同一で性質の共通な、この種族を分割しようとするならば、それは〔中略〕実に支那人の天性に大いに逆らうもので、支那人は柔弱で戦闘的ではないのだが、必ず死をかけて抵抗するはずだ」と、列強による中国分割にも反対する。保全も分割も困難である以上、「支那人士がその国勢に基づき、その民情に従って自ら新しい支那を再建するのに任せるしかない。その策は、どのようなものか。それはしばらく秘密にする。わが党は空談を尊重せず、将来に現実となる機会を窺っている。君はしばらく落ちついて待ちたまえ」と、孫文は日本人に呼びかけたのである。

外国の支援を得て華南に割拠することを企図してきた孫文も、義和団戦争を経て列強への警戒心を強めたかに見える。だが、彼は光緒二八年一一月五日(一九〇二年一二月四日)に日本を離れ再びフランス領インドシナへ渡ると、ハノイ・サイゴンで数十人の華僑を興中会に加入させる一方で、満洲王朝を打倒して長江以南に連邦共和国を樹立する構想を、総督ポール・ボーに披瀝した。インドシナを武装蜂起の基地とするための支援要求は、フランス本国政府の清朝支持方針を理由に拒絶されるが、孫文は依然として列強を利用可能な対象としても捉えていたのである。

知識人ネットワークとの接近

しかし、光緒二九年閏五月二八日(一九〇三年七月二二日)に孫文が横浜へ戻った時、逆に留日学生界では帝国主義への警戒心から民族主義が高揚していた。北京議定書締結後も東北部からの撤兵を拒否するロシアに抗議すべく、前年に馮自由らが組織した民族主義団体・青年会を中心に拒俄《きょが》(反露)義勇隊が結成される。彼らはまもなく軍国民教育会と改称して、「尚武精神を養成し、愛国主義を実行する」と唱えたのである。

これを日本政府と共に弾圧し解散させた清朝当局の対応を、血気にはやる一部の青年たちはまさに「強大な隣国に贈ることはあっても、国内の逆賊には奪われたくない」という姿勢と捉え、満洲王朝と漢人民衆とを敵対的に捉える民族意識を強めつつあった。また実現に至らなかったとはいえ、留日学生が「尚武」を唱えて自ら戦場に赴く決意を示したことは、文を重んじ武を軽んじる中国知識人の伝統的価値観の転換を意味した。これは日本の武士道に刺激を受けたものといわれる。

当時の留日学生は民族意識を高揚させる一方、近代的な政治・社会思想を積極的に吸収しており、漢人による立憲共和国の樹立という孫文の主張を受け入れる素地があった。青年会などの急進派留日学生は地方自治論に基づいて出身省ごとに、『游学訳編』(湖南)・『湖北学生界』・『直説』(直隷)・『浙江潮』・『江蘇』などの雑誌を刊行した。そして中国の改革さらには革命を唱える言論活動の中で、先駆的人物として孫文に注目するようになったのである。

光緒二九年八月一日(一九〇三年九月二一日)に発行された『江蘇』が、前述の「支那の保全・

雑誌『江蘇』（張枬・王忍之主編『辛亥革命前十年間時論選集』三聯書店，1977 年，第 1 巻上巻）

分割について合わせ論ず」を転載したことは、両者の思想的接近を示すものだろう。なお、このような留日学生界の言論・政治活動は、前述の知識人ネットワークを通じて国内各地にも共鳴者を得ていた。日本留学帰りの鄒容《すうよう》（一八歳）が上海で刊行した『革命軍』は、革命宣伝書として国内外で大きな反響を呼ぶことになる。

この時、孫文と留日学生の関係を一歩前進させたのは、やはり馮自由であった。前年に彼は広東学生同郷会の会長として、広東省から到着した二六名の留学生を横浜港で出迎えた。この中にはやがて孫文の側近となり、さらには中国国民党の元老にまで上りつめることになる人物、すなわち胡漢民《こかんみん》（二三歳）が含まれていた。日本へ戻った孫文に馮自由は李自重や、胡漢民の従弟である胡毅生《こきせい》（二〇歳）、そしてサンフランシスコの華僑家庭出身で香港の皇仁書院（中央書院の後身）に学んだ廖仲愷《りょうちゅうがい》（二六歳）といった、広東省籍の留学生を紹介する。

光緒二九年六月（一九〇三年八月）頃、孫文は一四名の留日学生を集め（一二名は李自重・胡毅生などの広東省出身者）、陸軍大尉・日野熊蔵らを招聘して軍事学を講じる学校を組織した。これはまさに前述の「尚武」志向を背景に、孫文が初めて留日学生を組織して結成した団体だが、また彼の経済思想(土地政策)が革命運動の綱領に加えられる機会ともなる。学生たちは入学に際して、「韃虜を駆除し、中華を回復し、民国を創立し、地権を平均する」という宣誓を行なったのである。これは民族主義や共和主義に加えて、広義の社会主義(土地国有化)という最新の政治思想をも取り入れた、包括的かつ網羅的な革命理念の端的な表明といえよう。

他方、宮崎寅蔵は恵州蜂起失敗の挫折感から浪曲師となり白浪庵滔天と名乗る一方、中国革命支援の経緯を叙述した自身の半生記「三十三年の夢」を、西暦一九〇二年に『二六新報』に連載していた。これはまもなく単行本化されるが、翌年に章士釗《しょうししょう》(筆名は黄中黄)による『大革命家孫逸仙』、翌々年には金天翮《きんてんかく》(筆名は金一)による『三十三年落花夢』という、二種類の中国語抄訳が相次いで上海で出版されたのも、やはり日本と中国にまたがる知識人ネットワークを通じた情報伝達によるものだろう。そして、これは孫文の革命運動が中国知識人に理解され、共鳴者を集めていく一つの契機となるのである。

再びハワイへ

こうして東京で知識人の新たなネットワークと接触し、革命運動の「弟たち」を獲得し始めた孫文は、いま一つのネットワークの再掌握に着手する。彼は光緒二九年八月六日(一九〇三年九月二六日)に日本を離れ、八月一五日(一〇月五日)にハワイへ到着すると、在外華僑の支持をめぐって数年にわたり続くことになる、保皇会との論戦を開始した。これに先立つ光緒二五年(一八九九年)、孫文の紹介で同地を訪れた梁啓超の活動により、保皇会がハワイ在住華僑の支持を興中会から奪っていたのである。

孫文は立憲君主制を唱える保皇会の機関誌『新中国報』に対抗すべく、親族がホノルルで経営していた『檀山新報』紙上で、満洲王朝の打倒と共和政体の採用を主張する。また、ホノルルやハワイ島のヒロで演説会の開催や鄒容『革命軍』の配布といった宣伝にも努めた。そして、この小冊子にちなんで新たに中華革命軍を組織し、加入者には「韃虜を駆除し、中華を回復し、民国を創立し、地権を平均する」という宣誓を行なわせたのである。こうして孫文は革命運動の資金源として、ハワイ在住華僑の支持を保皇会から奪回し始める。

アメリカ本土での活動

さらに支持基盤を拡大すべく、アメリカ本土への渡航を企図する孫文は、ホノルルで二つの手続きを取る。まず北米各地で強い勢力を持つ致公堂の協力を得るため、光緒二九年一一月二四日(一九〇四年一月一一日)に自ら致公堂に加入した。また、一八九八年にハワイを併合したアメリカが中国人の入国を厳しく制限していたため、自身がオアフ島で生まれたという証明書を光緒三〇年一月二三日(一九〇四年三月九日)にハワイ準州政府から受け取り、一月二七日(三月一三日)には裁判所で宣誓を行なってアメリカ合衆国の旅券を取得したのである。これは民族主義革命のために帝国主義列強の支援を求めたことにも通じるが、目的のために手段を選ばない孫文の行動様式は、しばしば後世の人間を戸惑わせる。

しかし、二月一五日(三月三一日)にホノルルを発った孫文は、二月二一日(四月六日)にサンフランシスコへ着くと、移民局によって埠頭付近の木造の小屋に拘禁されてしまう。孫文の動向をホノルルの保皇会員がサンフランシスコの同志に伝え、その訴えを受けた同地駐在の清国総領事がアメリカ当局に、孫文の旅券は偽造であり入国を許可すべきでないと申し入れたのである。約三週間後、ようやく同地の致公堂幹部・黄三徳の奔走により救出された孫文は、キリスト教会の協力を得て『革命軍』を一万一〇〇〇冊印刷し、北アメリカ・東南アジア各地の華埠に送付した。その一方、致公堂を革命運動の支持基盤とすべく新たに章程を起草し、やはり宗旨を「韃虜を駆除し、中華を回復し、民国を創立し、地権を平均する」と定める。そして、約半年にわたり黄三徳と共にアメリカ各地を遊説し、致公堂会員の再登録に努めた。

他方、孫文はアメリカ人C・E・マクウィリアムズの勧めにより、イェール大学に留学中の王寵恵の助力を得て小冊子『中国問題の真の解決』を著し、同年秋にニューヨークで出版した。同書は義和団のような排外運動を満洲人の扇動に帰する一方、「中国の覚醒と開明的政府の樹立は、中国人だけでなく全世界にとっても有益である。全土が外国貿易に開放され、鉄道が敷設され、天然資源が開発され、人民は裕福になってその生活水準は向上し、外国商品に対する需要は拡大し、国際貿易は現在の一〇〇倍にまで成長するだろう」と、中国の発展がアメリカにもたらす利益を強調する。そして、「時代遅れの韃靼《だったん》王制を「中華民国」に替える」ため、「キリスト教国民」「自由と民主主義の擁護者」であるアメリカ人に、ラ＝ファイエットのような協力を求めると説いた。こうして中国人と外国人が共有しうる価値を提示し、それを実現すべく中国革命への支持を訴えるのは、孫文の対外宣伝に一貫した特徴である。

なお、この小冊子を孫文が東京の社会主義団体・平民社に送付し、幸徳秋水による日本語訳が、同年一一月一九日(一二月二五日)の『平民新聞』に「革命潮(支那問題真個の解決)」と題して掲載されたのは、日本の社会主義者との間に接触があったことを窺わせる。また、胡漢民・胡毅生従兄弟が同書を中国語に翻訳し、光緒三一年一二月一〇日(一九〇六年一月四日)に横浜で中英合冊の『支那問題真解』として発行したが、この題名は『平民新聞』版が参照されたことを示すものだろう。

ヨーロッパでの活動

光緒三〇年一一月八日(一九〇四年一二月一四日)、孫文はニューヨークを発ってロンドンへ向かうが、その頃ヨーロッパ各地では「弟たち」が彼の到来を待っていた。先に述べた東京の軍国民教育会の中核を成した革命派留日学生は、国内に浸透すべく帰国して長江中下流域の共鳴者を吸収し、華興会(長沙)や光復会(上海)といった革命団体を組織していた。そして先駆的革命家として孫文を盟主に戴くべく、彼らの中からヨーロッパへ留学した者が準備を整えていたのである。孫文はブリュッセル・ベルリン・パリを相次いで訪れ、数十人の革命派留学生に加盟儀式を行なった。「韃虜を駆除し、中華を回復し、民国を創立し、地権を平均する」と宣誓した彼らに対し、孫文は一人一人「おめでとう。もう君は清朝の人間ではない」と告げたという。次

孫文(中列右から2番目)とパリの留学生たち
(前掲『国父革命史画』)

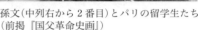

第に増えていく「弟たち」を、彼は頼もしく感じていたことだろう。

また孫文は、留学生の紹介で光緒三一年四月中旬(一九〇五年五月中旬)にブリュッセルにおいて、第二インターナショナルの国際社会主義事務局を訪れ、自身の革命勢力を受け入れるよう要請した。彼は中国革命の目標として、満洲人支配者を駆逐し土地を公有化する構想を述べ、中国は資本家が労働者を搾取する資本主義の段階を経ずに、中世から社会主義に至るべきことを説いたという。後述するように、中国を革命により欧米諸国をも凌ぐ最先端の国家にするという、いわば「近代の超克」を彼は生涯を通じて志向し続ける。

さらに孫文は、パリでフランス政府に中国革命への支援を求める交渉を試みた。同年一月八日(二月一一日)に彼は外務省アジア課長のフィリップ・ベルトロに、アメリカで発行した自著『中国問題の真の解決』を贈っている。また外務省員のウリス・ルオーに対して、広東・広西・貴州・湖南を含む連邦国家を樹立する構想を披瀝した際、この華南連邦はヨーロッパに倣った共和制を取るだろうが、まず軍事独裁を樹立する必要があると孫文は唱えた。これは、先に述べた三段階革命論に基づくものだろう。そして、おそらくは進行中の日露戦争でフランスの支持するロシアが苦戦していたことを背景に、日本の勢力に対抗して共同の経済発展を図りうる点で、フランスのインドシナにおける利益と孫文の華南政権の利益とが一致するとも述べた。一つの列強から支持を得るために、他の列強を共通の仮想敵として設定する論法を、その後も孫文はたびたび用いている。

このような外交活動の成果は、のちに明確な形で表れることになるのだが、その前に孫文は日本への帰路を急いだ。さらに多くの「弟たち」を結集させて、革命運動の大本営を組織するためである。

2　中国同盟会

新しい革命団体「中国同盟会」

五月九日(六月一一日)にマルセイユを出航した孫文は、途中シンガポールで一人の旧友と再会した。光緒二七年(一九〇一年)に同地へ渡っていた、興中会員の尤列である。武装蜂起に際して目立った働きのなかった彼も、在外華僑に対する宣伝活動には積極的だった。光緒三〇年(一九〇四年)には香港『中国日報』の記者をシンガポールに迎えて、東南アジア最初の革命派機関紙『図南日報』を創刊していたのである。彼から孫文は数人の支持者を紹介され、これを機にシンガポールは革命運動の一つの重要な拠点となっていく。

孫文は六月一七日(七月一九日)に横浜へ到着すると、まもなく革命派留日学生界の代表格で、華興会の正副会長を務めた黄興(三〇歳)および宋教仁(二三歳)と出会った。彼らを引き合わせたのは、東京における孫文の代理人となっていた宮崎寅蔵である。再び中国革命への加勢に乗り出した宮崎らの日本人支援者の助力もあり、早くも六月二八日(七月三〇日)には七〇人余りの留日学生を集めて、新たな革命団体の結成準備会が開かれた。これには黄興・宋教仁などの旧華興会員を中心とする長江流域出身者のみならず、馮自由・胡毅生に伴われた汪精衛《おうせいえい》(二二歳)・朱執信《しゅしつしん》(一九歳)などの広東省出身者も参加している。出身省を単位としてきた従来の枠組みを超える、この新たな革命団体の名称は中国同盟会、宗旨は「韃虜を駆除し、中華を回復し、民国を創立し、地権を平均する」と定められた。

孫文の人種観

七月一三日(八月一三日)、留日学生界による孫文歓迎会が東京で開かれる。約一〇〇〇人の「弟たち」(そしておそらくは少数の「妹たち」)を前に彼は、国土・人口に恵まれ古い文明を持つ中国が、最先端の体制である立憲共和制を採用すれば、欧米先進国にも勝る世界第一等の国家になりうると薔薇色の未来を預言した。その際に、次のように述べたことは興味深い。

中国人民の程度では、まだ今は共和を採用できないとも言われます。これもそうではなく、わが人民の程度は各国よりむしろ高いのです。私は日本から太平洋を渡ってアメリカへ行く途中、ハワイを経由しましたけれども、この土地は一〇〇年前には野蛮な場所にすぎず、あるイギリス人が来ると原住民は彼を喰おうとした〔ジェームズ・クックが先住民に殺されたことを指すか〕くらいですが、後に外国人と交流するようになって、野蛮から一躍して共和へと進みました〔ハワイ革命を指す〕。

最先端の西洋文明を摂取する能力において、中国人がハワイ先住民より優れているという主張は、かつて自分をからかったハワイ人少年たちよりも早く英語を習得した、自身の体験に根差しているのかもしれない。なお、この演説で孫文は次のように述べたという資料も存在するのだが、中国人を白人と非白人との中間に位置づけた点は共通である。

フィリピン人は土着の蛮人ですが、スペイン・アメリカの二大国に抵抗し、独立を図り共和を建てることができました〔一八九九年にエミリオ・アギナルドがフィリピン共和国を樹立し、スペインに替わり植民地化を図るアメリカに抵抗したが、一九〇一年に捕らえられ降伏)。北アメリカの黒人は以前みな鹿や豚のように愚かでしたが、今はみな自由民となりえています。中国で共和を採用できないと言えば、中国人をフィリピン人や北アメリカの黒人奴隷にも及ばぬものと貶すことになり、正しくありません。

前章に述べたフィリピン革命派との交流を想起すれば、このように彼が語ったとはにわかに信じがたい。だが、いずれにせよこれは当時の流行思想であった、適者生存・優勝劣敗の社会進化論に基づく人種観で、同時代の日本人の世界観とも相似形を成す認識だろう。

三大主義の提唱と三段階革命論の変化

留日学生を派遣していなかった甘粛省を除く、一七省の全てから加入者を集めた中国同盟会は、七月二〇日(八月二〇日)に結成大会を開催した。そして孫文を総理、黄興を副総理格の庶務幹事に選出し、上記の四項目を宗旨とする総章を可決する。八月三日(九月一日)には帰省から戻った廖仲愷と胡漢民が、孫文の寓居を訪ねて中国同盟会に加入し、この際に二人は耳慣れない主張であった「地権を平均する」について、孫文から詳細な解説を受けている。最初の武装蜂起で竹馬の友・陸皓東を失ってから約一〇年、三八歳の孫文は自身の思想と活動により多くの若者を惹きつける、カリスマ的な革命指導者となっていたのである。

　こうして東京の留日学生界で支持者を集めるようになった孫文は、よりいっそう革命運動の目標と方策を明確に表明する必要に迫られた。一〇月三〇日(一一月二六日)に宮崎宅を発行所として創刊され、胡漢民が編集長を務める中国同盟会の機関誌『民報』において、孫文の構想が体系的な革命理論として提示されることになる。同誌の創刊の辞で孫文は、「私が思うに、欧米の進化は全て三大主義によっている」と、初めて自身の主張を民族主義・民権主義・民生主義の三項目に整理し、この三者を単線的かつ普遍的な人類史の発展過程上に整序した。

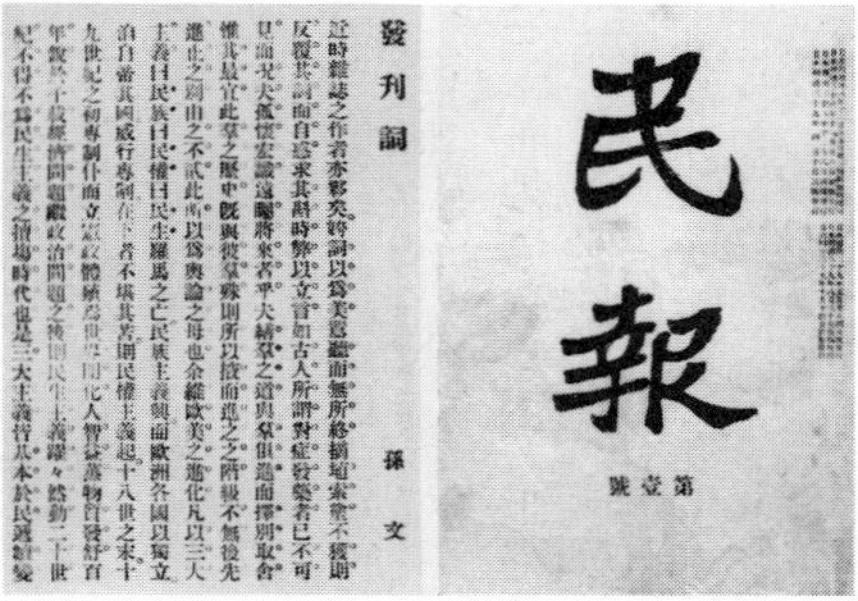

雑誌『民報』(前掲『孫中山』)

　そして「現在、中国は一〇〇〇年にわたる専制の毒が解けず、異族に痛めつけられ外国に脅かされているので、民族主義と民権主義は片時もゆるがせにできないほどである。だが民生主義はというと、欧米では積弊となって解決しがたいことが懸念されているものの、まだ中国のみは深く患っておらず除去するのは容易だ」と述べる。すなわち、貧富の懸隔による階級衝突という「将来の大患」を予防するために、「我国が民生主義を治めれば、発達は最先端を行き災禍を未然に防いで、（中略）振り返って欧米を見れば、彼らも後方で驚いて目を見張っているということになるのだ」と説く。これが欧米をも凌ぐ国家となるべく、中国のために孫文が書いた処方箋であった。

『民報』は六大主義として、「（一）現今の劣悪政府を転覆する。（二）共和政体を建設する。（三）土地国有。（四）世界真正の平和を維持する。（五）中日両国の国民的連合を主張する。（六）世界列国が中国の革新事業に賛成するよう要求する」を掲げた。前三項は言うまでもなく孫文の三大主義であり、後三項も彼が追求してきた列強との提携の主張である。

『民報』は廖仲愷・胡漢民・汪精衛・朱執信らの広東省出身者を中核に、梁啓超の主宰する保皇会機関誌『新民叢報』との間で激烈な論戦を展開する。その主要な論点は、まさに三大主義の各項と対外関係、すなわち①種族革命の妥当性（満洲人は中国人に含まれるか）、②共和政体の適合性（中国人は先進的な体制を運用できるか）、③土地国有の正当性（経済的平等を平和的に実現しうるか）、そして④革命が「瓜分」を招く危険性（混乱に乗じた列強の干渉を防げるか）であった。

総じて言えば、革命の目標を説く三大主義の各項をめぐる論争は、理想主義的革命論と現実主義的改良論との対立であり、教祖たる孫文と彼に帰依した門弟たちの信念は、世界最先端の民族共和国の樹立という革命の目標に関しては揺るぎないものであったが、列強との関係を含む革命の方法論を精緻化する必要性は、孫文も感じていた。

この頃、孫文は先に述べた三段階革命論を、汪精衛に対してより詳細に解説している。すなわち、「革命の志すところは民権を得ることだが、革命の際には兵権を重んじねばならず、常に両者は相互に抵触する。もし兵権を抑えれば、〔革命軍は〕脆弱になって事業に注力できない。もし民権を抑えれば、まさに軍政府が優越し一切を掌握して牽制を受けず、軍事には便利だが民権は圧迫されて再び伸張することができず、天下が平定されて軍政府が兵権を解いて民権に譲ろうとしても、それは不可能なことである」。それゆえ解決策として、過渡的な「約法」の段階を、孫文は次のように表現する。

例えば、一つの県が平定されたら軍政府と人民が契約を結び、およそ軍政府の人民に対する権利と義務、そして人民の軍政府に対する権利と義務は、すべて主要・重大なものを規定する。軍政府は命令を発して地方行政官庁を組織し、官吏を派遣して統治を行なう。人民は地方議会を組織するが、その議会は当初から現在の共和国の議会のようなものとするのではなく、ただ軍政府が約法を遵守するか否かを監視することのみが、その重要な職責である。やがて乙県が平定されたら、これと甲県は相互に連携して共に約法を守り、さらに丙県が平定されたら、また甲県・乙県は丙県と相互に連携して共に約法を守る。各省・各府も、これと同様である。もし国民が約法に背けば、軍政府が強制することができる。もし軍政府が約法に背けば、制圧された地域が相互に連携して、その履行すべき義務を負わず、いかなる軍政府の権利も認めない。そうすれば革命の当初、まだ〔新体制の〕根本が定まらず外敵が強勢な状況下において、どれほど愚かな者でも内戦を起こすことはなかろう。〔革命〕事業が成功したら、一八省の議会が後ろ盾となっているので、軍政府が専横な振る舞いをしようと望んでも、その手掛かりはない。ましてや蜂起が起こって以来、国民は地方自治に尽力して、長期にわたり鍛錬・熟慮を重ね、共和国民としての資格が陶冶されている。ひとたび約法に基づいて憲法を定めれば、民権立憲政体は盤石の安定を得て、動揺する懸念はないのだ。

これは軍政府と人民との相互牽制、あるいは地域間の相互牽制という過渡期を設けることによって、広大な領域を擁する中国において群雄の割拠や、それが招きうる列強の干渉のみならず、独裁者の出現をも防いで、軍政から民政への移行を順調に実現すべく、可能な限り考え抜かれた方策だった。むろん、いかに兵力を軍政府に集中させるか、それが実現したら人民は革命軍に対して強制力を持ちうるのかといった、やがて歴史の中で浮かび上がってくる課題は、いまだ十分に検討されていない。また、「約法」という過渡期を設ける意義として、人民を共和国民たるべく訓練しうることが付け加えられているのは、中国社会の後進性を理由に共和革命を否定する保皇会との論争の中で、三段階革命論が変質・転換し始めたことを示す。

革命思想の集大成

東京で新たに知識人ネットワークに対する影響力を確立する一方、なじみ深い提携相手である華僑ネットワークと列強当局にも、孫文の目は相変わらず向けられていた。九月九日(一〇月七日)から翌年四月一日(一九〇六年四月二四日)まで、さらに五月(七月)から八月二二日(一〇月九日)にかけて彼は、香港・サイゴン・シンガポール・クアラルンプールに赴いて支持者を集め、相次いで中国同盟会の分会を設置する一方、フランスをも訪れている(活動の詳細は不明)。彼が自身の革命運動を、様々な集団・階層・勢力の結集による、多元的なものとして構想していたことが窺われる。

光緒三二年（一九〇六年）秋から冬にかけて孫文は、黄興や『民報』編集長となっていた元光復会員の章炳麟《しょうへいりん》（三七歳）、そして胡漢民・汪精衛と共に『革命方略』を作成した。これは「軍政府宣言」「軍政府と各国民軍との関係条件」「軍隊の編制」「将官の等級」「将兵給与」「戦士への褒賞と補償」「軍律」「占領規則」「接収規則」「安民布告」「対外宣言」「満洲将兵に投降を呼びかける布告」「満洲の租税・釐金《りきん》（地方通過税）を撤廃する布告」から成る、いわば武装蜂起の実行規則という性格の文書集である。

冒頭の「軍政府宣言」は、中国同盟会の宗旨である四項目を簡潔に解説するとともに、前記の三段階革命論を、三年の「軍法の治」、六年の「約法の治」、そして「憲法の治」と整理した。すなわち、「第一期は軍政府が国民を監督・統率して、古い弊害を除去する時代、第二期は軍政府が人民に地方自治権を授与し、自らは国事を総攬する時代、第三期は軍政府が権力を解除し、憲法上の国家機関が国事を分掌する時代である。わが国民が順序に従って進み、自由・平等の資格を培うようにする」と定める。ここでは革命を段階的に進める目的が、もはや割拠の防止ではなく人民の訓練のみに限定されていることは注意を要する。

孫文らは人民の政治的権利を真剣に希求したにもかかわらず、民主主義を実現する過程を革命政権が厳格に管理し、過渡期には政治参加を暫定的に制限すべきことを唱えたのである。この段階的な民権の実現という構想は、民主主義革命の目的と手段を反映したものと解釈することもできよう。だが、いわば革命勢力による人民の指導という前衛党の論理を組み込んだことにより、皮肉にも保皇会が唱えた専制から立憲君主制を経て立憲共和制に移行するという、漸進的な改良論との間に近似性が生じてしまった。それにより中国革命運動は「民主のための独裁」という、逆説的な両義性を帯びることになったのである。

他方、「軍政府と各国民軍との関係条件」は、「各地の国民軍は各々都督《ととく》一人を立て、これを蜂起の首領に任じる」と定め、この軍都督に軍務に関しては全権の掌握を認めているが、外交・国体制定・国旗などは軍政府の命令に従うことを求めた。そして、「以上の各条は軍政府と軍都督が連絡する以前の関係条件であり、連絡後は別に規則を設けてこれを定める」としている。中国同盟会は革命の全過程を掌握することを意図しながらも、実際に指導しうる国内の軍事力をほとんど持たなかった。また、おそらくは長江流域革命派に受け継がれた軍国民教育会による地方自治論の影響から、各地で独自に蜂起する諸勢力の自発的帰順を期待し、むしろ時限的な割拠を容認するようになったのであろう。だが、やがて勃発することになる実際の革命において、このような分散と集中との関係が困難な課題として浮かび上がることになる。

一〇月一七日(一二月二日)、『民報』創刊一周年記念大会が東京で挙行され、五〇〇〇人ともいわれる留日学生が参加した。黄興が司会を務め、章炳麟の祝辞に続いて孫文が行なった演説は、この当時の孫文革命思想の集大成ともいうべきものである。彼は「『民報』は創刊から既に一年になりますが、唱えてきたのは三大主義であり、第一が民族主義、第二が民権主義、第三が民生主義です」と述べ、特に民生主義について最も詳細に論じた。すなわち、欧米では生産力の増大によって貧富の懸隔が生じているので、中国では将来この弊害が生じるのを未然に防ぐべく、地価を定めて上昇分を国有に帰すれば、地租のみで国家財政をまかなうこともでき、「この社会革命の事業は、必ず文明各国が将来に手本とするでしょう」と唱えたのである。

そして、「少数の満洲人が利益を独占することを願わないから、民族革命を求めるのであり、君主一人が利益を独占することを願わないから、政治革命を求めるのであり、少数の富者が利益を独占することを願わないから、社会革命を求めるのです」と説き、三者の同時実現によって漢人の民族共和国を樹立するとともに、欧米のような社会問題を予防することができれば、「わが中国は最も完全で立派な国家となるはずです」と、薔薇色の預言を繰り返している。

さらに彼は、「もう一つ、我々が研究せねばならない問題があるのですが、それは将来の中華民国の憲法です」と述べ、欧米の三権分立も既に弊害が生じていると指摘した。そして、中国古来の制度である考選(官吏選抜)・糾察(官吏監視)を加えた五権分立を提起し、「これは各国の制度にまだないだけでなく、学説上もあまり見られず、破天荒の政体だということができ」、もし実現すれば「民族的国家・国民的国家・社会的国家に、全て完全無欠の統治理論が得られることになるので、これはわが漢族四億人の最大の幸福です」と、自説の先進性・包括性を誇ったのである。

東京本部の変質

しかし、この祝祭が東京の留日学生界における革命運動の最高潮であり、その後は次第に中国同盟会本部の内部分裂が表面化する。先に述べたように、総じて広東省出身留学生が孫文の革命思想に帰依して忠実な門弟となったのに対して、長江流域出身者は理論体系としての三大主義（特に民生主義）には消極的だったが、これは単なる思想的な相違にのみよるものではなく、孫文の指導性に対する姿勢の相違をも示すものであった。

光緒三三年（一九〇七年）に入ると孫文は、清朝当局の要請を受けた日本政府に国外退去を勧告され、一月二〇日（三月四日）に胡漢民と汪精衛を伴い横浜を発つと、香港を経由してシンガポールへ向かった。この際に日本の当局や民間人から一万五〇〇〇円を餞別に贈られた孫文が、そのうちわずか二〇〇〇円を『民報』維持費として残し、その他は蜂起費用に充てるべく持ち去ったことに長江派が反発する。章炳麟は民報社に掲げてあった孫文の写真を引きずりおろし、その裏面に非難の言葉を記して香港へ送りつけたという。

その後、『民報』誌上では孫文の三大主義に替わって、章炳麟の排満思想や虚無主義が主流を占めるようになり、発行部数も次第に減少していった。そして光緒三四年九月二五日(一九〇八年一〇月一九日)には、清朝当局の要請を受けた日本政府が発行禁止を命じたため、中国革命派の大同団結を象徴する存在であった『民報』は、ついに停刊を余儀なくされる。

孫文(前列中央)とシンガポールの同志たち
(前掲『孫中山』)

他方、国内では光緒三二年(一九〇六年)に清朝が憲政準備を宣言し、光緒三四年(一九〇八年)には大日本帝国憲法に範を取った憲法大綱が発布される一方、中国人移民を制限するアメリカとの条約や、列強への権益譲渡に抗議する民族主義的世論が高揚していた。こういった新たな状況に対応すべく、帰国して国内各省での独自活動を模索する留日学生も多く、総理たる孫文自身が不在がちな中国同盟会東京本部は、次第に革命運動の大本営から通信所へと変質していったのである。

総じて孫文は留日学生界を、多元的な革命運動の一角を成すべき知識人ネットワークとの接点と捉えていたらしく、それゆえ自身の教義に忠実な門弟を見出したことで、中国同盟会東京本部は役割を終えたと考えたのかもしれない。三大主義や五権分立といった体系的な革命理論の構築は、東京で最先端の政治・社会思想に触れていた留日学生を魅了・説得するための、宣伝活動であったと言うこともできる。それゆえ彼が次に取るべき行動は、自ら預言を実現すべく門弟たちを率いて革命の実践活動に戻ること、すなわち再び華僑ネットワークから資金を獲得し、華南各省で会党を動員して武装蜂起を発動することだったのである。

3　橋頭堡を求めて

戦う預言者

光緒三三年二月(一九〇七年三月)にシンガポールへ到着した孫文と胡漢民・汪精衛は、同地の中国同盟会員たちと機関紙の創刊を決定し、香港で『中国日報』の社長と編集長を兼務していた馮自由から、活字の提供を受けることになった。胡漢民が『中興日報』と命名した東南アジア最初の中国同盟会機関紙は、七月一二日(八月二〇日)に創刊されると華僑の支持を獲得すべく、保皇会機関紙『南洋総匯新報』との間で論戦を展開する。

だが、留日学生を主要な読者とした『民報』と異なり、『中興日報』は理論よりも現実を重視する戦術を取り、清朝の華僑政策や欽定憲法および列強への権益譲渡に対する批判が、その宣伝の中核を成した。中国同盟会は東南アジア各地に分会を設置していくのだが、華僑に対して三大主義や五権分立が主張されることは皆無に近く、特に民生主義については新会員加入の際の宣誓に「地権を平均する」の一項があるのみで、具体的に解説されることのない神秘的呪文となったのである。

孫文はシンガポールからハノイへ移ると、東南アジアの華埠で中国同盟会に加入した会党頭目を派遣し、華南各省で武装蜂起を発動させる工作に着手する。まず四月(五~六月)に彼は、シンガポールで中国同盟会に加入していた許雪秋と鄧子瑜を派遣し、それぞれ広東省東部の饒平県黄岡と帰善県七女湖で会党を動員して蜂起させた。しかし、いずれも官軍の攻撃を受けて数日で解散を余儀なくされる。その直後、清朝当局がフランス政府に孫文の引き渡しを要求すると、インドシナ総督ポール・ボーは彼の所在を把握していないと回答した。数年来の外交活動の成果として、孫文の活動はフランス植民地当局の黙認を得ていたようだ。

七月二四日(九月一日)に孫文は、サイゴンで中国同盟会に加入した王和順を派遣し、やはり会党を動員して広東省西部で蜂起させ、一時は防城県の占領に成功したものの、弾薬が尽きた蜂起軍は八月一〇日(九月一七日)に解散した。一〇月二六日(一二月一日)には、ハノイで中国同盟会に加入した黄明堂・関仁甫が派遣され、広西省との国境に位置し「第二の旅順口」と称された要害の鎮南関砲台を占領する。翌日、黄興・胡漢民らを伴ってハノイから現地へ向かう列車の中で、「殆ど人をして狂気せるに非ずやと疑わしめた」ほど、「喋舌多弁の人と化した」孫文は、同行していた日本人支援者の池亨吉に、おそらくは英語で次のように語ったという。

孫文(前列右)とハノイのフランス当局者たち
(前掲『孫中山』)

> 僕に一の宿望あり、願わくば支那帝国の最南角たる鎮南関を入り、懸軍〔遠征〕万里、旌旗《せいき》〔旗色〕堂々支那帝国の中腹を貫通して而《しか》して支那帝国の最北角たる山海関〔長城東端に位置する要害で中国内地と東北部との境界〕を出でん。其の山海関を出づるは唯だ愛《あい》

新覚羅《しんかくら》〔清朝皇室の姓〕帝の末路を見送らんが為のみ。蓋《けだ》し満族の戦い破れて遁竄《とんざん》するに当ってや、必ず此の関門より脱出するに外《ほか》無ければなり。今や此の宿志の前半将《まさ》に遂げられんとす、其後半成るの日は夫《そ》れ何《いず》れの時ぞや、嗚呼《ああ》夫れ何れの日ぞや。

最初の広州蜂起失敗から一二年、地球を幾度も巡る亡命生活を経て、ようやく祖国の最南端に橋頭堡を得た漂泊の預言者は、ここを起点に中国全土を制圧する野望の実現を予感したのだろう。なお、ここには彼の考える「中国」の民族的・空間的範囲が示されているのだが、そこに満洲人・東北部が含まれていないことは、やがて困難な課題として浮かび上がることになる。

鎮南関に到着すると孫文は蜂起軍を前に、次のような演説を行なった。

皆が今回、勇気を奮い起こして蜂起したことに感謝する。全国同胞と共に満清皇帝という人民の敵を打倒し、新たな富強の共和国を樹立すれば、四億同胞が全て国家の主人公となり、独立・自由の幸福を享受して、外国人が我々を虐げることはできなくなり、皆が耕作すべき田畑を持つようになるのだ。同志たちよ。我々は南寧〔広西省の都市〕・広州に直進し、長江へ北上して、全国同胞と共に北京へ進撃しよう。革命軍は国を救い民を救う軍隊であり、最も民心を得ている軍隊であり、いたるところに力を貸そうという人民がいるのだから、力量は最大だ。賊軍は必ず破れ、我々は必ず勝つ。諸君は今回、〔鎮南〕関から〔中国領内へ〕入り、皆と共に奮闘して、革命を成功へと導くのだ。

通算六回目の武装蜂起で初めて戦闘の前線に立った孫文は、自ら大砲を打ち負傷者に手当てをしたという。この演説では三大主義の各項目が一通り言及されているものの、抽象的理念の解説というより、具体的利益の提示という性格が強い。蜂起軍の心を奮い立たせることが、戦う預言者たる彼の役目であった。しかし、またも弾薬が尽きた蜂起軍は一二月四日(一二月八日)にフランス領内へ撤退し、かろうじて手に入れた祖国最南端の橋頭堡は失われ、孫文の夢は一瞬にしてついえたのである。

革命運動の立て直し

光緒三三年一二月二一日(一九〇八年一月二四日)に孫文は、清朝政府から再三の要求を受けたフランス当局によりインドシナ滞在を禁止され、やむなくハノイを離れシンガポールへ向かった。その後も光緒三四年二月(一九〇八年三月)から四月(五月)にかけてハノイから国境を越え、黄興が蜂起軍を率いて広東省欽州・廉州へ向かい、王和順・黄明堂・関仁甫は雲南省河口で蜂起した。だが、いずれも補給が尽き短期間で解散を余儀なくされている。

　こうして一連の武装蜂起が失敗に終わると、しばし孫文は革命運動の体制立て直しに専念することになる。まず同年秋にシンガポールで中国同盟会南洋支部を設立し、東南アジア各地の分会を統括する機関とした。また会党に依存してきた従来の方針を改め、次第に勃興しつつあった民族主義的な世論の担い手である、在地有力者層への接近を香港を拠点に試みる。馮自由や朱執信が編集を担った『中国日報』は、『中興日報』と同様に理論より現実を重んじる宣伝戦術を取った。三大主義（特に民生主義）や五権分立を論じることはほとんどなく、むしろ広東地方世論の批判を受けた粤漢（広州―武昌）鉄道国有化や、イギリスへの西江（広東省西部の河川）警察権の許可を題材に、しばしば清朝の売国性を批判する議論を展開したのである。

　また、知識人の新たな社会的上昇の方途となっていた、新式の学堂と軍隊（新軍）に中国同盟会の組織を浸透させることが図られた。その結果、宣統元年（一九〇九年）には広東省で新軍将兵を中心に加入者が三〇〇〇人に上り、これを動員して武装蜂起を発動する拠点とすべく、九月（一〇月）に胡漢民を支部長とする中国同盟会南方支部が香港に設置された。そして、宣統二年一月（一九一〇年二月）に新軍を広州で蜂起させ、これに周辺の会党が呼応するという計画が立てられる。だが、新軍将兵と警察の衝突という偶発事件のため、予定より早く一月三日（二月一二日）に蜂起は発動され、警戒態勢を取っていた当局により鎮圧される結果となった。

他方、孫文は宣統元年四月一日（一九〇九年五月一九日）にシンガポールを発つと、ヨーロッパを経て九月二六日（一一月八日）にアメリカへ至り、ニューヨーク・シカゴに相次いで中国同盟会分会を組織していく。この間、東南アジアでは孫文に批判的な元光復会員の章炳麟・陶成章が、中国同盟会から華僑の支持を奪いつつあった。そのため、孫文は新たな革命運動の資金源を必要としたのである。宣統二年一月一日（一九一〇年二月一〇日）にサンフランシスコへ到着すると孫文は、前年に同地で中国同盟会員が組織していた少年学社を、一月一八日（二月二七日）に中国同盟会分会に改組する。

その翌日に孫文は演説を行ない、聴衆の華僑に「諸君が革命は自分に身近な事ではないと考えて関心を持たず、革命は我々が今日において、一家の生命・財産を保ち救う唯一の方法であることを、知らないのではないかと懸念されます」と語りかけた。中国人移民が制限されていたアメリカでは前月から、サンフランシスコに到着する中国人は入国が許可されるまで、湾内のエンジェル島で衛生状態の劣悪な勾留所に収容されており、これには現地華僑が抗議していた。これを踏まえて、「諸君は今日アメリカにいて、さんざん虐待・侮辱を受けてきたので皆が憤慨しており、先には〔入国制限に抗議する〕アメリカ製品ボイコットが行なわれ、今はエンジエル島の件で争っていますが、〔中略〕ある種族と他の種族との争いは、必ず国力が後ろ盾となってこそ、援助が得られることを皆は知らないのです」と説き、次のように訴えかけた。

わが中国が満洲人に滅ぼされて既に二六〇年余り、我々華人は今日では亡国の遺民であり、国家の保護がないので、いたるところで虐待を受けています。〔中略〕だから今日、一家の生命・財産を保つには、革命を実行して韃虜清朝を滅亡させ、わが中華の祖国を光復して、漢人という民族の国家を樹立せねばならないのです。だから革命は我々が今日、一家の生命や財産を保つ唯一の方法であり、一人一人に最も身近な事だというのです。

このように彼は、三大主義や五権分立といった抽象的な理論を解説するのではなく、革命が海外に居住する華僑にもたらしうる現実的・具体的な利益を強調した。七月一六日(八月二〇日)には、サンフランシスコで中国同盟会機関紙『少年中国晨報』が創刊され、さらに翌年にかけてアメリカ本土・カナダ・メキシコ・キューバ・ペルー・ハワイの各地で分会が相次いで成立し、多額の資金を革命運動に提供することになる。

これと並行して孫文は、ある奇妙な計画にアメリカ人ホーマー・リーと取り組んでいた。リーは軍人として中国で活躍することを夢想し、スタンフォード大学在学中にサンフランシスコで保皇会に加入して、義和団戦争中に中国でなんらかの軍事行動に参加したという。帰国後は保皇会のためにアメリカ各地で民兵を組織するが、やがて同会の財政問題などが原因で袂を分かった。西暦一九〇九年にリーは、日米戦争を予測した『無知の勇気』を上梓した。これに着目した孫文は池亨吉に日本語訳を勧める一方(『日米戦争』として一九一一年刊行)、宣統二年二月四日(一九一〇年三月一四日)に退職銀行家のチャールズ・ブースも加えて、カリフォルニア州ロングビーチのホテルで、中国革命の実行計画を作成したのである。

これは中国同盟会が華中・華南の武装蜂起を中止し、ブースが全権代表としてニューヨークの財界から三五〇〇万ドルを調達する一方、トンキン湾岸に基地と武器庫を確保して、アメリカ軍人により蜂起部隊を訓練するというもので、中国における鉄道敷設や鉱山採掘の権益を、資金提供の交換条件として譲渡することになっていた。さらに孫文は、自身が入手したと称する日本軍の人事・通信・装備などに関する参謀本部文献の目録を、アメリカ陸軍省に提供することも提案している。これは権益譲渡を交換条件として提示したり、第三国を「共通の敵」と示唆することにより外国の支援を求める、かねてから孫文が取ってきた方法だが、この荒唐無稽な事業への賛同者はアメリカに皆無で、中国同盟会は独力で次の蜂起を発動することになる。

二月一二日(三月二二日)にサンフランシスコを出立した孫文は、ハワイ・日本・シンガポールを経て六月一三日(七月一九日)にペナンへ到着する。当時、相次ぐ蜂起の失敗や章炳麟・陶成章の批判により、シンガポールでは支持獲得が困難になっていたため、孫文は中国同盟会南洋支部をペナンへ移転させた。そして、一〇月一二日(一一月一三日)に孫文は黄興・胡漢民らと会議を開き、中国同盟会の総力を結集した武装蜂起の発動を決定する。橋頭堡を築くべき目標とされたのは、またも帝国最南端の大都市・広州であった。

黄花崗

翌々日に孫文は在住華僑を相手に、乾坤一擲の演説を行なう。

私が毎回、同志諸君にお会いする目的は、ほかでもありません、いつも同志諸君に、寄付をお願いするためです。同志諸君は終始、党務に熱心で懸命に援助してくれていますが、ことによると私が多難だとは思っていないかもしれません。実のところ私は、わが党が幾度も蜂起しては失敗し、内心忸怩《じくじ》たる思いでいるため、同志諸君にたいへん申し訳なく感じているのです。

この時までに武装蜂起の失敗は、既に九度に及んでいた。

私は先ほど申した通り、同志諸君とお会いするたびに、寄付をお願いしています。私も同志諸君に毎回、このような事を頼みたくはないのですが、この責任をわが明達の同志以外、いったい誰に負わせることができましょう。これは避けたいと思っても、実際にはやむをえないことなのです。海外の同志が金を捧げ、国内の同志が命を捧げれば、それでこそ共に救国の責任を担うことになるでしょう。つまり、寄付をするという義務は、同志諸君が他人任せにできぬものなのです。それゆえ、こうして〔寄付を〕求める私の苦衷を同志諸君が諒解し、なお喜び勇んで寄付をして、この最後の一挙が成功するのを助けてくださるよう、願わねばなりません。もし天が漢人に幸運を授けられず、わが党の今回の挙がまた失敗すれば、私は再び同志諸君に寄付を求めて、煩わせるようなことはないのです。もし生き長らえたとしても、郷里の老人たちに合わせる顔がありません。これは、つまり今後の未完の革命事業が、やはり同志諸君の参加と協力に頼らざるをえないということです。つ

黄花崗(前掲『孫中山』)

まり、わが党はどれほど困難であろうと、背水の陣を敷いて臨もうとしており、成敗は実にこの一挙にあります。そして私の申し上げたいことも、またこれに尽きるのです。

「郷里の老人たち」の原語は「江東父老」で、漢の劉邦との闘争に敗れた楚の項羽が、故郷の長江東側(南岸)の老人たちに顔向けできぬと、自刃した故事に基づく。この時、もはや漂泊の預言者は薔薇色の未来を語ることなく、ただひたすらに革命資金の寄付を求めた。このあからさまな懇願は、おそらく聴衆の民族意識を突き動かしたのだろう、その場で八〇〇〇〇元の寄付が集まったという。

この演説を危険視したイギリス領海峡植民地当局から滞在禁止を通告された孫文は、一一月五日(一二月六日)にペナンを離れると、引き続きアメリカ・カナダで資金調達に努め、他方で香港では黄興を部長とする統籌部(統合計画本部)が組織される。しかし、北アメリカ・ハワイ・東南アジアなどから送られた約二〇〇〇万元の資金により、八〇〇人の会員から成る選抜隊が蜂起し、これに新軍や会党が呼応するという計画は、またも連絡の不徹底や意見の不一致により、宣統三年三月二九日(一九一一年四月二七日)に失敗に終わる。孫文は翌日(中国では日付が変わっていただろう)にシカゴで敗報に接した。この蜂起は、犠牲者と逮捕・処刑者の遺体が葬られた場所にちなんで、やがて黄花崗《こうかこう》蜂起と称されるようになる。

こうして乾坤一擲の武装蜂起は、四四歳になっていた孫文にとって、一〇度目の失敗として幕を閉じた。既に一五年を超える漂泊を経て彼は、革命により中国が世界最先端の国家になるという薔薇色の預言を実現するどころか、いまだに祖国の辺縁に橋頭堡を築くことすらできずにいる。しかし、この直後に中国では文字通り一〇〇〇年に一度の大転換が生じ、孫文は突然に歴史の表舞台へと躍り出る機会をつかむことになる。

第3章
千載一遇

1911年，辛亥革命当時の孫文
（前掲『国父革命史画』）

1　地殻変動

「放」と「収」

孫文の革命運動が無残な失敗を繰り返す一方、中国は徐々にではあるが確実に、歴史的な大転換へと近づきつつあった。その背景として進行していた国家と社会の地殻変動を、長期的な視点から俯瞰しておこう。

一七世紀末に約一億人だった中国の人口は、清朝の統治が安定するにつれて急激に増加し、一九世紀中葉には四億人を超える。その結果、四川・雲南・広西といった内陸部への大規模な人口移動が生じ、新開地における社会秩序の担い手として宗教結社が勢力を伸ばしたり、あるいは移住者と先住民との間に摩擦が生じたりしたことにより、一八世紀末から一九世紀中葉にかけて、白蓮教徒やムスリム・苗族などによる反乱が頻発した。その最大のものが華中・華南を席巻した太平天国で、これが中国社会の動揺・流動化に拍車をかける。

清朝の統治体制は元来、専制皇帝により首都から派遣された地方官僚が、帝国各地の地域社会に対し徴税と治安維持を主な内容とする、ごく粗放な統治を相当な自律性を持って行なうというものであった。換言すれば遠心力と求心力、すなわち下（地方・社会・部分）へ向かう「放」（分散・自由）と、上（中央・国家・全体）へ向かう「収」（集中・統制）という、二つの力が均衡を保っていたのである。このような国家の統治機構が社会の膨張と流動化への対応を迫られると、太平天国を鎮圧すべく団練《だんれん》と呼ばれる義勇軍が組織されたように、朝廷は秩序回復のために地方官僚と在地有力者の協同に依存した。その結果として「放」が「収」を凌ぐようになり、次第に権力の分散・下方移行が生じる。軍事・産業・教育の近代化を図った洋務運動も、地方官僚が主要な推進者であった。

さらにアヘン戦争とアロー戦争を経て、西洋列強の主導する国際秩序へと中国は徐々に組み込まれていった。特に開港場が設けられた華中・華南沿岸部では、貿易の盛行による経済の発展が中央政府による統制の弛緩と表裏一体を成し、地方官僚・地域社会の遠心力が増していく。また、海外への移住者が増加して華僑ネットワークが形成されたことにより、首都を頂点とする伝統的なピラミッド状の帝国統治機構は、その求心力を相対的に低下させざるをえなかった。

光緒新政と民族主義

このような清朝統治体制の分権化、すなわち「放」の「収」に対する優勢を助長したのが、義和団戦争の敗北後に開始された光緒新政である。これは前章で述べた通り、近代国家の建設を目指した諸政策の総称で、列強に対抗して独立と統一を維持すべく、教育の普及や産業の振興といった統治の積極化により、国家が社会から調達しうる人的・物的資源を最大化することを企図していた。人民が徴税や治安維持の受動的な対象にすぎない前近代的な専制国家から、国家発展の能動的な担い手たる「国民」によって構成される、近代的な国民国家に転換する必要性を清朝も認識したのである。ただし、これら一連の近代化政策は全国各地で、主に地方官僚と在地有力者の協同によって推進された。以下に広東省を例として、その具体的状況を概観しよう。

伝統的儒学教育に替わって、近代西洋式教育が社会的上昇の方途となり、広東高等学堂・広東法政学堂・両広方言学堂などの、新式学堂が省内各地に設立された。それと同時に、日本をはじめとする海外へ赴く留学生も増加し、東京へと向かう知識人の巡礼経路が形成されたことは、前章に述べた通りである。また広州では、康有為・梁啓超らによる変法運動の影響を受けた知識人が多くの新聞を創刊していたが、これらの新聞社が学堂・出版社を併設することによって、地域社会における世論形成に影響力を持つようになる。

既に一九世紀後半から植民地都市の香港では、近代的学校が移動人口出身の新興知識人を輩出し、また彼らの発行する新聞が中国人住民の利益を表出する媒体となっていた。同様の状況が内地の地域社会においても出現したのである。これに乗じて、中国同盟会員も広州・汕頭で新聞を創刊し、政治批判を通じて地方世論の形成に参与する一方、省内各地の学堂に教員として赴任し、学生に加盟を促した。

さらに光緒二九年（一九〇三年）から新軍の編制が開始され、虎門講武学堂・陸軍将弁学堂・陸軍速成学堂などの卒業生が見習軍官を務めた。将兵は珠江三角州や韓江三角州（汕頭周辺）のような先進地域よりも主に辺境地域で集められ、前章で述べた民族意識の高揚と相まって、新軍もまた新たな社会的上昇の方途となる。宣統二年（一九一〇年）に失敗に終わった中国同盟会の武装蜂起は、このような新軍将兵を主体としたものだった。

他方、この時期には広州をはじめとする都市の在来有力者が、地域社会の秩序維持や相互扶助を目的として独自の組織を形成するようになる。すなわち、科挙資格所有者のサロンである文瀾書院、商人団体の広東総商会、同業者組織の連合体である七十二行商、そしてこれらの有力者が共同で運営した慈善団体の九大善堂が、相次いで広州に成立した。やがてこれらの団体は、地域社会の利益を擁護するために列強の勢力拡大に抗議する、次のような一連の民族主義的運動を通じて、次第に政治的積極性を強めていく。

（一）光緒三〇〜三二年（一九〇四〜〇六年）に、アメリカ資本から粤漢鉄道敷設権を回収し、さらに「官商合弁」を唱える両広総督に反対して、「商弁」を勝ち取った運動。

（二）光緒三一〜三二年（一九〇五〜〇六年）に、華僑の入国を厳しく制限するアメリカとの条約更新に反対し、アメリカ製品の流通・使用禁止を提唱した運動。

（三）光緒三三〜三四年（一九〇七〜〇八年）に、イギリスが西江における警察権を要求したことに抗議した運動。

（四）光緒三四年（一九〇八年）に、清朝当局が日本船籍の第二辰丸を密輸の疑いで拿捕しながら、日本側の要求に応じて釈放・賠償を行なったことに抗議して、日本製品の流通・使用禁止を提唱した運動。

（五）光緒三四〜宣統元年（一九〇八〜〇九年）に、イギリス船籍の仏山号のポルトガル人船員が中国人乗客を殺害したことに抗議して、船主に賠償金を支払わせた運動。

（六）宣統元年（一九〇九年）に、澳門の領域拡大を図るポルトガルに対する、清朝当局の妥協を阻止した運動。

（七）宣統元年（一九〇九年）に、日本人による東沙諸島占拠に抗議して、清朝当局がこれを回収するのを支援した運動。

政治参加

これらの諸問題に関する地域社会の自己決定権を求める在地有力者は、次第に清朝当局に対する政治参加要求を強めていった。光緒三二年（一九〇六年）に清朝が憲政準備を宣言すると、翌年には文瀾書院の科挙資格所有者を主体とする広東地方自治研究社と、七十二行商の有力商人が中核を成す粤商自治会という、二つの立憲運動団体が結成された。そして前者が穏健で後者が急進という相違はあったものの、ともに全国規模の国会開設運動にも加わったのである。

光緒三四年一〇月（一九〇八年一一月）に光緒帝と西太后が死去し、宣統帝が帝位を継いだのを機に、各省に諮議局を開設して議員を選挙することが定められた。これは極端な制限選挙で、選挙権は一定の職歴・学歴・財産などを持つ、二五歳以上（被選挙権は三〇歳以上）の男子にのみ認められた。また資産額を秘匿するために投票権を放棄する者もいたため、広東省では人口約三三〇〇万人のうち、有権者は総人口の〇・四二％にすぎない約一四万人にとどまった。

選出された九四人の議員のうち、八〇人が科挙資格所有者、五七人が官僚経験者あるいは官職保有者で、広東地方自治研究社員が少なくなかったのに対し、粤商自治会員は皆無であった。これは諮議局を通じて地方政治への参加機会を得たのが、広東省の在地有力者の中でも比較的穏健な部分にとどまっていたことを示す。だが、この諮議局議員たちは朝廷の期待に反して、台頭しつつあった在地有力者層の利益を代表し、しばしば地方当局に対抗的な姿勢を取る。

広東諮議局(関傑編著『影像辛亥』福建教育出版社，2011年，下)

広東諮議局は宣統元〜三年(一九〇九〜一一年)に、常年会・臨時会が各二回召集され、提出された議案は一四七件に上った。あくまでも諮議局は議案を審議する諮問機関と性格づけられ、通過させた議案の実行を総督・巡撫に強制する権限を持たなかったのだが、実際には在地有力者が地域社会の諸問題に関して、主体的な意思決定を行なう機関へと変質していく。提出された議案のうち三七件が弾劾議案であったように、地方当局と在地有力者との矛盾を顕在化させる役割を諮議局は果たしたのである。

そして、このような在地有力者の政治化・自律化は、憲法制定・国会開設によるいっそうの政治参加を求める運動へと発展し、各省諮議局が連合して朝廷に対し国会の早期開設を三度にわたって請願する。宣統二年(一九一〇年)には中央諮問機関として資政院が開設され、皇族や貴族から成る欽選議員と各省諮議局から選ばれた民選議員が各半数を占めたが、やはり資政院も同様に国会の早期開設を要求した。そのため清朝は、やむなく国会開設予定を宣統八年(一九一六年)から、宣統五年(一九一三年)へと前倒しするのだが、それでも多くの請願者を満足させるには至らなかったのである。

資政院(前掲『影像辛亥』下)

揺らぐ王朝体制

中央と地方あるいは全体と部分の乖離が顕在化していく中で、これを激化させるような政策を朝廷は取った。宣統三年四月一〇日(一九一一年五月八日)に、皇族を含む満洲人が過半数を占める内閣が成立し、翌日には民間資本による敷設が計画されていた、川漢(成都—漢口)・粤漢両鉄道の国有化が決定されたのである。これに失望・反発した在地有力者層は、湖北・湖南・四川・広東などの各省で保路《ほろ》（鉄道防衛）運動を展開し、次第に清朝当局との対立を深めていく。長期的な地殻変動の結果として、王朝体制自体の屋台骨が次第に揺らぎ始めたのである。

それにもかかわらず香港を拠点とした孫文の革命運動は、前章で述べた通り停滞状態に陥っていた。相次ぐ武装蜂起の失敗により中国同盟会内部には、革命の前途を悲観して要人の暗殺に活路を見出そうとする者が現れる。孫文の側近であった汪精衛は、宣統二年（一九一〇年）春に北京で摂政王載灃《さいほう》（宣統帝溥儀《ふぎ》の父）の暗殺に失敗し、死刑は免れたが無期懲役に処せられた。香港では一部の中国同盟会員が支那暗殺団を組織し、黄花崗蜂起が失敗に終わると黄興もこれに加わり、胡漢民は東南アジアへ去っている。

他方、孫文の華南革命路線が破綻したと捉えた宋教仁らは、宣統三年閏六月六日（一九一一年七月三一日）に上海で中国同盟会中部総会を組織する。そして、長江流域各地で同時に新軍を蜂起させ、新政府を組織して北伐により清朝を打倒する計画に着手した。宋教仁が起草したと思われる章程は中部総会の「主義」として、「清政府を打倒し、民主的な立憲政体を樹立する」ことのみを唱え、民生主義は排除している。このように孫文の指導性を棚上げした宋教仁の長江革命路線が、先に述べた「収」に対する「放」の優勢という地殻変動の帰結としての、時代の大転換と同期することになる。

2　辛亥革命

革命の勃発

皮肉にも歴史的な大転換の発火点は、孫文が橋頭堡を築こうと苦闘してきた華南沿岸部ではなく、上海から直線距離で約一七〇〇キロを隔てた内陸の長江上流に位置する、四川省の省都・成都であった。宣統三年五月二一日（一九一一年六月一七日）に成立した四川保路同志会が、次第に朝廷への反抗的姿勢を強めると、七月一五日（九月七日）に同会長で四川諮議局議長の蒲殿俊が逮捕され、その釈放を要求する数十人の請願者が射殺される。これに対する抗議が暴動へと発展したのに乗じて、中国同盟会員が会党を組織した保路同志軍が成都を包囲すると、朝廷は周辺諸省の軍隊を派遣して鎮圧を試みた。

成都から東へ約一〇〇〇キロ、湖北省の省都・武漢は長江と漢水の合流地点に位置し、河を隔てた武昌・漢口・漢陽の三地区から成る。この武漢の新軍には革命派の浸透が進んでおり、成都への派遣命令を機に蜂起することを、彼らは企図した。ただし、湖北省の革命勢力は孫文の指導下にはなかった。その中核を成した二つの団体のうち文学社は、唐才常の系譜に連なる在地革命勢力であり、新軍将兵を主体とする。中国同盟会本部が分裂しつつあった光緒三三年(一九〇七年)夏に一部の会員によって東京で結成され、長江流域で会党や新軍将兵を組織した共進会は、宗旨の第四項「地権を平均する」を「人権を平均する」に改めていた。両者は宣統三年(一九一一年)夏に合流し、これと連携しつつ先に述べた中国同盟会中部総会が成立したのである。

武漢の革命党員が八月三日(九月二四日)に会議を開き、中秋節に当たる八月一五日(一〇月六日)の夜に蜂起することを決めたのは、元朝末期に漢人が「韃子」すなわちモンゴル人支配者に対して、この日に蜂起したという伝説にちなむ。しかし、これを察知した当局が警戒を強めたため蜂起は三日後に延期された。支援を求められた上海の中部総会が香港の黄興に連絡すると、中国同盟会内部の広東派と長江派との仲介役であった彼は、湖北新軍の蜂起計画を伝え資金援助を求める電報を、アメリカ遊説中の孫文に宛てて打った。

しかし、蜂起予定の八月一八日(一〇月九日)に革命党員が爆弾を製造中、誤って破裂させたことから当局が党員名簿を含む秘密文書を押収し、三人の党員を逮捕・処刑する。捜査の手が迫っていることを知った革命党員の新軍将兵が、死中に活を求めるべく翌日夜に乾坤一擲の蜂起を武昌で発動し、湖北・湖南両省を管轄する湖広総督の庁舎を攻撃すると、総督は逃亡し長江に待機中の軍艦に避難した。この年の十干十二支にちなんで辛亥革命（第一革命）と称されるようになる、中国近代史上最大の政治的事件の勃発である。この日、八月一九日は偶然にも新暦の一〇月一〇日に当たり、やがて中華民国の国慶節として「双十節」の呼称が生まれる。

翌日に蜂起軍は武昌・漢口・漢陽を相次いで制圧する一方、諮議局正副議長と協議して国号を中華民国と定めて湖北軍政府を設け、国会早期開設運動に参加していた諮議局議長の湯化龍を民政長に選んだ。これは革命派の武装蜂起が在地有力者の反中央傾向と同期したことを意味する。だが蜂起軍には階級の高い軍人がいなかったため、新政権の首長となる都督（省軍政長官）の人選は難航した。そのため革命党員ではない旅団長の黎元洪（四六歳）を諮議局へ連行し、なかば強引に都督の地位に就けることになる。

地球の裏側にいた「首謀者」

八月二〇日（一〇月一一日）の夕刻（中国では日付が変わっていただろう）、孫文は列車でロッキー山脈の麓、標高一六〇〇メートル（一マイル）に位置することから、マイル・ハイ・シティと称されるデンバーに到着した。彼には十数日前に香港の黄興から電報が届いていたのだが、暗号解読表を入れた荷物を先に発送してしまっており、この地でようやく荷物を受け取り暗号電報を解読する。そして湖北新軍の蜂起計画を知ったものの、彼は長旅の疲労から返電を打つことなく眠りについた。翌朝一一時に目を覚まし、ホテルの売店で新聞を購入して遅い朝食をとるべく食堂へ入り、その新聞を広げた彼の目に飛び込んできたのが、「武昌を革命党が占領」という記事である。漂泊の果てに預言者がたどり着いた、ここデンバーは武漢から隔たること約一万一〇〇〇キロ、これはそのまま国内で進行中の事態と彼との距離を示すものだった。

しかし、ほとんど自身の与り知らぬところで勃発した革命に対し、これを孫文はむしろ千載一遇の好機として積極的な関与を試みる。革命の帰趨を決するのは国内の戦況だけでなく、義和団戦争以後に清朝への影響力を強めていた列強の対応でもあることを、彼は知悉していた。それゆえ、すぐに太平洋を渡って帰国し革命の前線へ馳せ参じるよりも、列強当局との交渉こそが自分の責務だと彼は判断したのである。より具体的には、中国革命にアメリカ・フランスは賛同するがドイツ・ロシアは反対し、日本は民間が同情的だが政府は反対し、イギリスは民間が同情的で政府は態度未定と予測されるので、外交の焦点はイギリス政府だと彼は考えた。そこで孫文はデンバーを発ち、アメリカ東海岸へ向かう。

このような孫文の観察と予測は、あながち間違いではなかったようだ。漢口に租界を持つ各国の領事が革命への対応を協議した際、湖広総督の支援要請を受けていたドイツ領事は、蜂起軍を義和団になぞらえて武力干渉を主張した。これに対して孫文とは旧知の間柄のフランス領事ウリス・ルオーが反論する。蜂起は政治改良を目指す孫文の革命党によるもので、義和団とは異なるゆえ干渉すべきでないと説き、各国領事の賛同を得たのである。結局、領事団は革命軍を交戦団体として承認し中立を宣言したが、これは孫文が行なってきた対外工作と無関係ではなく、革命の進展に有利な条件となったことは言うまでもない。

デンバーから大陸横断鉄道で東へ向かった孫文は、ミシシッピ川とミズーリ川の合流点に近いセントルイスで、「武昌の革命軍は孫文の命令を受けて蜂起し、共和政体を樹立しようとしており、その最初の大統領は孫文であろう」という新聞記事に接した。地球の裏側にいる彼が中国で進行している革命の首謀者であり、樹立されるべき新国家の元首となる人物と目されたのは、その十数年に及ぶ海外活動によるものだろうが、このような自身の評判を彼がどう受け止めたのかは不明である。八月二四日(一〇月一五日)にミシガン湖岸の都市シカゴで、中国同盟会分会に中華民国成立を祈念する会合を開催させた際、彼は集まった十数人の記者との接触を避けたというが、心中には秘かに期するものがあったのかもしれない。

外交工作

東海岸のワシントンに到着した孫文は八月二七日(一〇月一八日)、国務長官フィランダー・ノックスに秘密会談を求める書簡を送ったが、なんらの返答もアメリカ当局からは得られず、この点で孫文の予測と期待は裏切られた。翌々日にニューヨークへ移動した彼は、帰国後に自身の地位を確保すべく、二つの布石を打つ。まず、両広総督の張鳴岐に打電して革命への合流を促すとともに、胡漢民・朱執信に広東省で蜂起させることを決めた。これは、やがて孫文が晩年にいたるまで同省を拠点とする遠因となった。

また、日本人支援者の萱野長知と交流があり、日本のニューヨーク駐在総領事の意を受けた鶴岡永太郎と面会し、華中の革命が孫文の指導により勃発したと語ったのは、もとより自身の影響力を誇張したものである。さらにドイツ皇帝やロシア官憲が中国革命に同情的だと述べ、ワシントンでアメリカ政府と接触したことを示唆し、正式な入国許可を希望する旨を日本政府に伝えるよう求めたのは、列強間の競争心を刺激して支持を得ようとしたのであろう。

九月一二日(一一月二日)、なんら外交上の成果をアメリカでは得られぬまま、孫文はニューヨークを発ち海路ヨーロッパへ向かう。九月二一日(一一月一一日)にロンドンへ到着した彼は、同地で支援獲得工作に着手していたホーマー・リーと合流すると、外務大臣エドワード・グレイと間接的に接触し、またも権益の譲渡と引き換えに支援の提供を求めたが、中国革命に対するイギリスの中立を表明させるにとどまった。一〇月一日(一一月二一日)にはパリへ移動し、外務大臣ステファン・ピションやインドシナ銀行総裁スタニスラ・シモンと会見したが、やはり中立の姿勢を表明させる以上の成果は得られず、一〇月四日(一一月二四日)にパリを発って帰国の途に就く。

帝国の分裂

この間、既に中国では華中・華南および華北の一部へも革命が波及し、湖南・陝西・山西・雲南・江西・貴州・浙江・江蘇・広西・安徽・福建の各省が、相次いで清朝からの独立を宣言していた。ただし、湖北省と同様に都督府(軍政府)の実権が中国同盟会員ではなく、清朝から離反した在地有力者や、形勢を観望した旧官僚・軍人などに帰した例が多い。

孫文が十数年にわたり攻略目標としてきた広東省では、南方支部が活動停止状態にあって組織的な武装蜂起を発動できず、省内各地に散在する中国同盟会員は、各々独自に蜂起することになった。省都の広州では九月四日(一〇月二五日)、穏健派の在地有力者が文瀾書院で会議を開き、広東省の自治と政治改良による革命波及の予防を決議し、両広総督・張鳴岐も賛意を示す。だが、広東総商会・七十二行商・九大善堂といった急進派の在地有力者が、九月八日(一〇月二九日)に共和政府の承認および革命勢力との交渉を決議し、穏健派も合流して広州城内各地に独立旗が掲げられると、これを張鳴岐が禁止したため住民に動揺が広まった。

同日にサイゴンを発ち香港へ戻った胡漢民は、朱執信と共に広東省内各地の蜂起軍を編制することを決める。さらに「軍政府南部都督」名義で、九大善堂・七十二行商および「三千万同胞」宛ての布告が発せられ、省内各地で蜂起を発動した軍事力を誇示し、清朝からの離脱と革命への賛同を迫った。広州の在地有力者は九月一九日(一一月九日)に広東諮議局で会議を開き、独立を宣言して革命派による共和政府の樹立を歓迎することを決議し、胡漢民を都督に選出するとともに、青天白日旗を楼上に掲げる。そして翌日に香港から広州へ到着した胡漢民が都督に就任し、広東省は孫文派が掌握する唯一の省となった。一〇月上旬(一一月下旬)には四川省も独立を宣言し、辺境地域を除く内地一八省中の一四省が独立し、首都・北京を囲む直隷と山東・河南・甘粛の四省のみが、清朝の支配下に残されたのである。

一九世紀中葉から進行していた権力の分散・下方移行は、こうしてついに帝国の分裂すなわち辛亥革命へと帰結していくのだが、その意味するものは単に清という一つの王朝の崩壊にとどまらなかった。貴族の連合体としての性質を残していた唐(六一八~九〇七)と異なり、宋(九六〇〜一二七九)は専制皇帝が科挙官僚に帝国各地を支配させる体制を創出したと言われる。そのような体制自体が、この時まさに崩壊しつつあった。無論、秦の始皇帝による統一(前二二一)を起点とするならば、王朝体制の歴史は二〇〇〇年を超える。こうして地域社会の遠心力が王朝国家の求心力を凌駕した、まさに一〇〇〇年に一度の歴史的な大転換に際して、独立各省を再結集させうる新たな中央政府の創出が必要となった。これを中国の最高権力を掌握する文字通り千載一遇の好機として、四人の男が名乗りを上げる。

黎元洪(前掲『国父革命史画』)

黎元洪と宋教仁

一人目は、歴史の偶然から革命政権の首班に祭り上げられた黎元洪である。彼は独立各省に打電して、中央政府を組織すべく武漢へ代表を派遣するよう求めた。これとは別に江蘇・浙江両省の都督府代表も各省に代表の派遣を呼びかけ、九月二五日(一一月一五日)に上海で各省都督府代表連合会が成立したが、黎元洪の招請を知ると彼を中央大都督、湖北軍政府を中央軍政府として承認し、

宋教仁（前掲『国父革命史画』）

一部の代表を上海に残して武漢へ移転する。

一〇月一三日（一二月三日）、同連合会は「中華民国臨時政府組織大綱」を決議し、同会が元首として臨時大総統（大統領）を選出するとともに、各省都督府の代表により立法機関たる臨時参議院を組織すべきことを定めた。以後、この臨時大総統の人選をめぐり政争が繰り広げられ、当然のように黎元洪も有力候補者の一人となる。まがりなりにも最初の革命政権の首班となったことが、この元来は非革命党員の地方軍人にすぎぬ小人物を、新時代の全国政界における主要人物の一人へと押し上げたのは、歴史の転換期に生じた皮肉な現象というほかはない。

二人目は、長江革命の仕掛け人ともいうべき宋教仁である。彼は黄興を首班に擁立して自身が実権を掌握することを図るが、蜂起勃発後に駆けつけた武漢では黎元洪に阻まれる。上海へ戻った宋教仁は同地に残留した各省都督府代表などと協議し、一〇月一四日（一二月四日）に臨時政府を南京に置き、黄興と黎元洪をそれぞれ正副大元帥に選ぶことで合意し、翌日には大元帥が中華民国臨時政府を組織するよう決議させた。策士・宋教仁が黄興を前面に立てて黎元洪に対抗し、新政府の最高権力を奪取しようとしたのは言うまでもない。これには黎元洪が反発した上に、権力欲の薄い謙虚な性格の黄興が固辞したため、宋教仁の目論見ははずれる。しかも、華中・華南の全省と華北の二省を制圧したとはいえ、「群龍無首」すなわち指導者を欠き内輪もめを続ける革命政権には、北方から決定的な脅威――帝国の逆襲が迫っていた。

袁世凱

ここへ登場する三人目の男が、李鴻章の後継者として北洋軍の編制のみならず司法・産業・教育の近代化に尽力したものの、載灃ら有力皇族との対立により失脚していた袁世凱(五二歳)である。辛亥革命の勃発に驚愕した朝廷は、早くも八月二三日(一〇月一四日)には彼を湖広総督に任命して革命鎮圧を指示した。北洋軍が革命軍から漢口を奪回した九月一一日(一一月一日)、朝廷は満洲人が過半数を占める内閣を辞任させ、袁世凱を内閣総理大臣に任命する。

袁世凱(前掲『国父革命史画』)

清朝の命運を委ねられた彼は、この千載一遇の好機を逃がすことなく、革命政権に硬軟両様の姿勢を示すことで、キャスティング・ボートを握っていく。九月二一日(一一月一一日)に武昌で腹心に黎元洪と交渉させ、革命への賛同を条件に袁世凱を総統に選出する意向を聞き出す一方、一〇月七日(一一月二七日)に北洋軍が漢陽を奪回すると彼は、イギリスの中国駐在公使・漢口駐在領事の仲介を経て、一〇月一三日(一二月三日)から革命軍との停戦に応じた。そして郵電部大臣・唐紹儀を派遣し、革命政権代表の元香港立法局議員・元アメリカ駐在公使の伍廷芳と和議に入らせる。こうして袁世凱は、南方革命側と北方清朝側が共に干渉を恐れる列強の支持を得て、事態の調停者という地位を確立していったのである。

他方、武漢・上海から南京へ集結していた各省都督府代表は、一〇月二六日(一二月一六日)に改めて黎元洪を大元帥に選出するとともに、その職権を南京で副元帥・黄興が代行することを決議したものの、またも黄興の辞退により首班の選出は頓挫した。このような「群龍無首」状態を克服できない革命政権内部では、江蘇諮議局議長・張謇《ちょうけん》のような在地有力者のみならず、黄興をはじめとする中国同盟会幹部も含めて、皇帝を退位させることを条件に袁世凱を臨時大総統に推す声が支配的になる。一〇月二八日(一二月一八日)に上海で始まった南北和議も、ほかならぬ唐紹儀自身が共和主義に共鳴し、またイギリス・フランス・ドイツ・アメリカ・ロシア・日本の総領事からは平和的解決を勧告され、次第に袁世凱の擁立による立憲共和政体の樹立へと収斂していった。

その中で浮上した一つの合意事項が、皇帝の退位と引き換えに皇族・貴族〔旗人〕の待遇を保証し、さらにモンゴル人・ムスリム・チベット人をも排除することなく、これら非漢人の居住地域を含む清朝の現有領土を維持するという構想である。これは孫文をはじめとする中国同盟会が唱えてきた「韃虜の駆除」、すなわち漢人による民族共和国の樹立という主張からの方向転換だが、その背景を成したのは「瓜分」の危機だった。清朝の「藩部」として間接支配を受けていたモンゴルでは、仏教指導者のジェプツンダムバ・ホトクト八世が、ロシアの支持を背景として一〇月一一日〔一二月一日〕に清朝からの独立を宣言する。同じく「藩部」であったチベットでは、ダライ・ラマ一三世が清朝と対立したことから、前年の一月三日〔二月一二日〕にイギリス領インドへ亡命していた。

早くも九月一六日〔一一月六日〕に張謇は袁世凱に打電し、共和制の採用と五民族の連帯を主張し、同日に釈放された汪精衛も北京で九月二五日〔一一月一五日〕に、袁世凱の腹心で元留日学生の楊度と国事共済会を組織し、「満・漢・蒙〔モンゴル人〕・回〔ムスリム〕・蔵〔チベット人〕の五族を必ず等しく一つの政府の下に立たせる」ことを唱え、南北和議による領土保全を説いている。汪精衛は唐紹儀と共に南下して上海で革命政権に合流するが、おそらくはこの汪精衛を仲介役として、南北間で新国家の構想をめぐる合意が模索されたのである。

だが、この混乱を極めた状況を解決しうる唯一の「ストロング・マン」として、衆望を得つつあった袁世凱による最高権力の掌握を、第四の男の出現が一旦は阻むことになる。その帰国に黄興が一縷の望みをつないでいた、孫文である。

3 新紀元

最前線に現れたトリックスター

遠くヨーロッパから孫文は、祖国の革命を注視していた。九月二六日(一一月一六日)に上海の革命派に打電して、袁世凱の擁立という黎元洪の提案に賛意を示したのは、ロンドン滞在中に袁世凱を支持するイギリス政府の方針を知ったためだろう。しかし、スエズ運河を抜けてインド洋を渡り、シンガポール経由で帰国する頃に彼は、この千載一遇の好機を逃がさず手中に収めることを、むしろ自身の歴史的使命と観念していたようだ。

一一月二日(一二月二一日)、孫文は香港に到着した。広州から駆けつけた広東都督・胡漢民をはじめとする門弟たちの出迎えを受けた彼の上陸を、もはやイギリス植民地当局も阻止することはなかった。また居ても立ってもいられず馳せ参じた宮崎寅蔵には、日本の香港駐在総領事が付き添っており、孤高の預言者は一六年に及んだ漂泊の終わりを実感したことだろう。この際、胡漢民が広東省にとどまるよう進言したのは、ようやく手に入れた橋頭堡を確保する方策としては正しかったが、それはもはや孫文にとって過去の暫時的目標にすぎなかった。革命が全国に波及しつつある今、黎元洪も黄興・宋教仁も「群龍無首」状態を克服できず、いまだ革命への賛同を明言していない袁世凱の圧力を受け、君主制の廃止と共和制の確立を実現できぬまま、革命が中途で挫折することをこそ孫文は恐れたのである。この膠着状態を打破するには、自身が革命の最前線へ乗り込むほかはないと、彼は確信していた。

孫文が胡漢民に同道を命じ、一一月六日(一二月二五日)に上海へ到着すると、群衆の熱狂的な出迎えを受けたのは、彼が海外から巨額の資金を持ち帰ったとか、はては数隻の軍艦を率いているという風説が広まっていたことにもよろう。実際には空手で革命の只中へ躍り込んだ彼が、その後の数日で一挙に局面を動かした経緯は、しかし確かにマレビトすなわち異界からの来訪者か、あるいは旧秩序を破壊し新秩序を創造するトリックスターが出現したかのようだった。翌日に彼は早くも黄興や上海都督・陳其美《ちんきび》(中国同盟会中部総会庶務部長)と協議し、自身を臨時大総統に選出することに合意させる。これには孫文を敵視し一時は武力による排斥すら示唆していた宋教仁も、もはや反対しえなかった。同日に開かれた中国同盟会の最高幹部会議でも、孫文の唱える総統制の採用が決まり、宋教仁の説く内閣制は退けられた。

一二月八日(一二月二七日)、南京から上海へ赴いた一部の各省代表が孫文の主張に基づき、旧暦一一月一三日すなわち新暦一月一日を中華民国元年元旦とし、この日に臨時大総統の就任式典を挙行することに合意する。中国では古来、天命を受けて地上を支配する皇帝が、天界の運行に基づく暦を人民に賜るものと観念されており、暦の変更は既存王朝の権威を否定することにほかならない。さらに数千年にわたり使用されてきた太陰暦の廃止と太陽暦の採用は、中国が近代国家へと生まれ変わることを意味した。アメリカからヨーロッパを経て帰国し、香港から上海へ北上するまでの約二か月半、この日付を孫文は意識し続けていたのだろう。

中華民国臨時大総統

その日のうちに南京へ赴いた黄興によって、一連の決定は各省都督府代表連合会に伝えられ、一一月一〇日(一二月二九日)に一七省の代表が中華民国臨時大総統の選挙を実施し、孫文を選出する。ただちに彼は黎元洪を含む独立各省都督に打電し、その革命における功績を称賛するとともに、袁世凱に対しては自身の選出・就任が暫時的な措置であり、革命に賛同するならば臨時大総統の地位を譲ると伝えたのは、南北和議の基本方針を追認するものだったろう。

だが、共和国の成立という既成事実の創出により不退転の決意を示し、袁世凱に皇帝を退位させ革命に賛同するよう迫ることこそ、孫文の試みた乾坤一擲の大勝負であった。二〇世紀初頭の世界では中南米諸国を除けば、アメリカ・スイス・フランス・ポルトガルなどにのみ存在する共和政府を、ほとんど専制王朝以外の体制を知らない中国で樹立し、天命ではなく民意を正統性の根拠として、近代初期には「君主」の対義語であった「民主」すなわち大統領に就任することは、立憲君主制しか構想しえていなかった袁世凱はもとより、黎元洪・黄興・宋教仁・張謇といった革命政権の「群龍」にも踏み出しえない、歴史的な一歩だったのである。

臨時大総統となった孫文
（前掲『孫中山』）

一九一二年一月一日、ついに中国は新時代を迎える（以後は新暦のみを記す）。この日、孫文は午前一一時に専用列車で上海を出発し、沿線の各都市で群衆の歓呼を受けつつ、いくつもの歴代王朝が都を置いてきた南京へ午後五時に到着し、かつて江蘇・安徽・江西の三省を管轄した旧両江総督署で、午後一時から中華民国臨時大総統の就任式典に臨んだ。清帝国の最南端で貧農家庭に生まれ、華僑ネットワークの中で近代文明を吸収して育ち、世界各地を漂泊しながら新時代の到来を預言し続けた男が、ついに古都・南京で最高指導者の地位に就くという、千載一遇の好機を手中に収めた。しかも、この旧両江総督署に王宮を構え天王と称した、彼の若き日の偶像たる洪秀全とは異なり、孫文は国民の代表により中国最初の共和政府の大統領に選挙されるという、歴史的な大転換を成し遂げたのである。四五歳になっていた彼は、この時に人生の絶頂を迎えたと言ってよい。

革命の着地点

しかし、孫文になしうることは、ここまでだった。各省都督府代表による選挙結果の報告を受けて彼が述べた宣誓の辞は、次のようなものである。

満洲専制政府を打倒し、中華民国を確立し、民生幸福に尽力することは国民の総意であり、これを文〔自称〕は遵守して、国家に忠誠を尽くし人民に奉仕する。専制政府が打倒されて国内に戦乱がなくなり、民国が世界に屹立して列国に公認された暁に、文は臨時大総統の職を辞すべきことを、ここに謹んで国民に誓う。

この宣誓が意味するところは、あまりにも明白だろう。北方九〇〇キロの帝都で余喘《よぜん》を保つ朝廷に対し、その生命維持装置を握る人物——袁世凱が、この式典の隠れたもう一人の主役だった。王朝の廃絶という一歩を踏み出すことは、「忠臣」から「逆臣」への転落にほかならず、これを袁世凱が躊躇したのも無理からぬことである。だが、既に成立した共和国を軍事力で圧殺しようとすれば、熾烈を極めるに違いない南北間の内戦で権益を損なわれる列強の干渉、すなわち義和団戦争という悪夢の再来を招きかねない。孫文は獅子奮迅の努力で歴史の歯車を動き出させ、これに手を添えざるをえない立場に、袁世凱を追い込もうとしたのである。

続いて孫文が胡漢民に代読させた「臨時大総統就任宣言」は、汪精衛が起草したものといわれる。彼が陰の調整役であったらしい南北和議の合意に基づき、のちに「五族共和」と表現されるようになる多民族国家構想が、「国家の根本は、国民にある。漢・満・蒙・回・蔵の諸地を合わせて一国とし、漢・満・蒙・回・蔵の諸族を合わせて一群とする。これを民族の統一という」と提起されている。この式典が終わった時、既に日付は変わり、時刻は午前二時を回っていたという。こうして中国は新紀元——共和国の時代を迎えた。

翌日に袁世凱が唐紹儀を解任したのは、まさに歴史の歯車を自身の思惑を超える速度で回転させ始めた孫文に対し、彼が覚えた動揺を示すものであろう。だが孫文は臆することなく、さらに既成事実を積み上げていく。一月三日、彼は「中華民国臨時政府組織大綱」に基づき臨時参議院を組織すべく、各省に三名の参議員を派遣するよう打電したが、その職権を暫時的に各省都督府代表連合会が代行することになった。同会は孫文の提案に基づき臨時政府の行政機構、すなわち陸軍・海軍・司法・財政・外務・内務・教育・実業・交通の九部（省に相当）の、総長および次長（正副大臣に相当）の人選を承認する。

総長は伍廷芳（司法）らの旧官僚や張謇（実業）らの在地有力者が多数を占めた。中国同盟会員は黄興（陸軍）・王寵恵（外交）・蔡元培（教育）の三人のみである。また黎元洪が臨時副総統に選出されている。これは寄り合い所帯の臨時政府を構成する各勢力の支持を確保するためにほかならない。そして一月二八日には、まだ独立していない奉天（遼寧）・直隷・河南三省を含む、一七省の代表により臨時参議院が成立している。

他方、上海では臨時政府を代表する伍廷芳が、依然として唐紹儀と南北和議を続けていた。南京臨時政府成立の衝撃から一度は態度を硬化させた袁世凱も、事ここに至って孫文が回し始めた歴史の歯車を奪い取り、自身の望む通りに動かすことを選んだようだ。一月二六日に彼の意を受けた腹心の北洋軍将領四七人が、連名で清朝政府に打電し共和政体の採用を主張したのは、あからさまな軍事力による朝廷への脅迫である。二月三日に朝廷は袁世凱に皇帝退位の条件をめぐる臨時政府との交渉を一任し、二月五日には袁世凱から伍廷芳を経て伝えられた和議の条件を、孫文が臨時参議院に提議して修正の上で合意を得た。こうして皇族・貴族の既得権益を保護することを条件に、袁世凱が朝廷に皇帝の退位を宣言させたのち、孫文が臨時大総統を辞任し臨時参議院が袁世凱を後任に選挙するという、革命の着地点が見えてきたのである。

借款交渉

このように革命政権が袁世凱の協力に期待せざるをえず、一九〇七年に孫文が中国最南端の鎮南関で夢想したように、北伐により北京を攻略し皇帝を追放することができなかったのは、ひとえに臨時政府が独自の財源を欠いたためである。それゆえにこそ孫文は他方で秘かに、袁世凱への譲位を土壇場で回避するための工作として、二月一八日の春節(旧暦の新年)を前に軍費を支給して北伐部隊を維持・編制すべく、日本からの借款獲得を画策していた。

まず孫文の依頼を受けた三井物産が、製鉄企業の漢冶萍公司を日中合弁とすることを条件にした借款案を提起すると、これを一月一二日に日本政府が承認し、二月二日に同公司総理(社長）の盛宣懐と三井物産との間で、五〇〇万円の借款契約が締結される。二月一〇日には三〇〇万円が交付され三井物産からの武器購入代金に充当されるが、これには黎元洪・張謇や臨時参議院を含め中国国内で批判が噴出し、また同公司の株主総会で否決されたため、借款契約は取り消された。これと並行して孫文は二月六日に日本郵船との間で、やはり盛宣懐が掌握する輪船招商局を担保として、一〇〇〇万円の借款を受ける仮契約を締結している。だが、日本による中国水運業の独占を恐れたイギリスの介入を受け、また漢冶萍借款と同様に世論の反対に遭ったことから、この借款案も水泡に帰した。

なお孫文は、よりいっそう危険な借款交渉にも応じている。二月三日に彼は胡漢民と共に、宮崎寅蔵と山田純三郎（恵州蜂起で犠牲になった山田良政の弟）も同席の下、元老・桂太郎の意を受けたと称する三井物産上海支店の森恪から、「満洲」（東北部）租借を条件とする資金援助を提案された。この大胆きわまりない計画に対し、孫文が前金として一〇〇〇万円を即時に供与するよう逆提案すると、もとより探りを入れる程度のつもりにすぎなかったのか、東京からの返答は次第に曖昧なものに変わり、この件は沙汰やみになっている。鎮南関蜂起の際の発言にも見られるように、孫文の考える「中国」は必ずしも「満洲」を含まず、日本の政界・軍部・財界でも革命に乗じた権益拡大が一部で企図されていた。だが、既に「五族共和」による現有領土の維持は南北和議における共通了解となっており、この時に孫文が「満洲」租借をどれほど真剣に考慮したのかは不明である。

辞任

北伐を可能にする起死回生の借款交渉は失敗に終わり、南北和議の合意を受けて二月一二日すなわち旧暦一二月二四日、ついに宣統帝溥儀〔六歳〕の退位を宣言する詔書が発せられた。「統治権を全国に公にして、共和立憲国体と定める。〔中略〕袁世凱が全権をもって臨時共和政府を組織し、民軍〔革命政権〕と統一方法を協議する。〔中略〕依然として満・漢・蒙・回・蔵の五族を合わせて領土を完全にし、一つの大中華民国とする」という内容は、言うまでもなく袁世凱の意向に沿ったものであり、彼が清朝から権力と領土を継承して、革命政権を吸収する意思を示す。

これに対して翌日、孫文は臨時参議院に辞職を通告し後任に袁世凱を推薦するとともに、三条件を提起した。すなわち、①臨時政府は南京に置く、②新総統は南京で就任する、③参議院が制定する臨時約法を新総統は遵守するというもので、袁世凱を政治的・軍事的拠点の北方から引き離し、南方に取り込もうとする意図は明白である。また同日、孫文は上記の詔書をめぐって袁世凱に打電し、「共和政府を清朝皇帝の委任により組織することはできない」と唱え、ただちに北京を離れ南京へ来るよう求めた。

臨時参議院が袁世凱を臨時大総統に選出した二月一五日、孫文が部隊を率いて南京郊外の明朝初代・洪武帝の陵墓に赴き、漢人による「光復」を報告する儀式を行なったのは、「韃虜を駆除し、華夏を回復する」という、一八年前の初志を貫徹したという思いの表れかもしれない。だが、身命を賭して清朝軍と戦った革命軍には孫文の譲位に反対する者がおり、彼らが臨時参議院による袁世凱の選出を妨害するのを警戒し、部隊を郊外へ連れ出したのだと孫文が王寵恵に語ったことは、北方側との妥協への不満が南方側に残っていた内情を窺わせる。

同日に袁世凱は孫文への返電で、「共和政府を清朝皇帝の委任により組織することはできないというのは、きわめて正しい」と認めつつも、北方各省の秩序維持の必要を理由に南下を拒んだ。二月一八日に孫文は袁世凱を南京へ迎えるべく、蔡元培を筆頭に宋教仁・汪精衛らから成る使節団を北京へ派遣したが、二月二九日に北洋軍の一部が北京で騒乱を起こし、これが翌日には天津などへも波及したのは、言うまでもなく「北方の不安定」を必要とする袁世凱の使嗾《そう し》による。彼が北京で新政府を組織することは列国公使団も支持しており、これには孫文や臨時参議院も同意せざるをえず、三月一〇日に袁世凱は北京で中華民国臨時大総統に就任した。

こうして南北間の綱引きは袁世凱の勝利に終わり、上記の三条件のうちの二つは実現しなかった。だが、孫文は残された一つの条件により最後の抵抗を試みる。三月一一日、臨時参議院が可決した「中華民国臨時約法」すなわち暫定憲法を孫文は公布した。これは主権在民・基本的人権や多民族国家の理念を謳うとともに、参議院は臨時大総統・国務員（閣僚）を弾劾しうるが後者は前者を解散しえないという、立法権を行政権に優越させたものであった。袁世凱の専横を牽制しようという孫文らの意図は明白で、これがやがて両者の決裂の一因となる。

四月一日に孫文は臨時参議院に赴き、臨時大総統を正式に辞任する。こうして辛亥革命すなわち最後の王朝・清朝の滅亡と最初の共和国・中華民国の成立による、君主制から共和制への転換という中国近代史上最大の政治的事件は、一応の結末を迎えた。この一〇〇〇年に一度の歴史的な大転換に際し、中国の最高権力を競い合った四人の男のうち、黎元洪は多分に名誉職的な臨時副総統という納まるべきところに納まり、宋教仁は脇役に甘んじつつ次の時期に政党政治を舞台に復活を期する。

言うまでもなく最高権力の奪取に成功した袁世凱が一応の勝者だが、宿願の君主制打倒と共和制樹立を成し遂げた孫文も、あながち敗者とは言い切れまい。東京から上海を経て南京へ移っていた中国同盟会本部が三月三一日に開催した歓送会で、彼は、「今日、満清（皇帝）が退位し中華民国が成立して、民族・民権の両主義はともに実現されましたが、ただ民生主義のみが着手されておらず、これから我々が尽力すべきなのは、まさにこの事なのです」と演説し、辛亥革命の成果に一応の満足感を示している。

「収」の希求と「放」への依存

むろん辛亥革命の歴史的な意義は、これら人物間の権力争奪といった微視的な次元にとどまるものではない。巨視的に見るならば、一九世紀後半から中国で次第に進行していた中央と地方あるいは全体と部分の乖離という、長期的な地殻変動の帰結として勃発した、地域社会による王朝国家の「瓜分」こそが辛亥革命の本質であった。清朝統治下で均衡を保っていた遠心力と求心力、すなわち「放」と「収」という二つの力のうち、前者が後者を凌駕した結果、各省が軍権・財権を掌握して清朝から独立し、その連邦的統合により中華民国が誕生したのである。君主制ではなく共和制が選び取られたのも、朝廷が在地有力者の利益を侵害する者と認識されたためにほかならない。

それゆえ中華民国の中央政府は当初から、対内的には地方(具体的には省)政府を統合し、対外的には外国(実質的に列強)政府と交渉するという、二つの役割を担う必要があった。辛亥革命に際して、黎元洪・宋教仁は華中諸省の「放」に乗じながらも、自ら全国規模の国家権力を創出するには至らず、その欠を一時的に補ったのが国内社会に勢力基盤を持たず、それゆえ必然的に「収」を志向する孫文だった。しかし、孫文を臨時大総統とする南京臨時政府は国際的な承認を得られず、清朝から国家権力を継承した袁世凱を列強が支持したため、孫文は袁世凱に譲位せざるをえなかったのである。

だが、国内諸省に対する「収」は袁世凱にとっても未経験の課題であり、それゆえ華中・華南の「放」を背景とする宋教仁、そして「収」を希求しつつも「放」に依存せざるをえない孫文との対峙は続いた。革命の元勲という虚名を保つのみの黎元洪を除く三人の男は、今日に至るまで中国政治の一つの基調を成す、この「放」と「収」とのせめぎあいの中で、引き続き最高権力をめぐって競い合うことになる。

第4章
ヤヌスの誕生

1916年の孫文(前掲『孫中山』)

1　うたかたの夢

「収」志向

臨時大総統を辞任した孫文は、民生主義の実現を次なる自身の事業と見定めたようだ。この頃から従来の「三大主義」に替えて、「三民主義」の語を用いるようになり、これが以後は定着する。彼は上海を活動の拠点に選んだが、一九一二年四月から一〇月にかけて全国各地を遊歴し、「地権を平均する」という従来の主張に加えて、カール・マルクスをも参照しつつ、銀行・鉄道・水運などの重要産業を国有化して、大資本家の出現を防ぐという「国家社会主義」、すなわち国家が経済活動を管理下に置くことにより、社会の分極化を抑制するという構想を繰り返し説いた。

これは特定の地域や階層といった社会の「部分」ではなく、「全体」としての国家や民族に帰属意識を抱く、孫文の「収」志向を示すものであろう。それと関連して、一六年ぶりに錦を飾った広州で、五月一一日に孫一族の歓迎会に出席した際、彼は次のように述べている。

今日わが一族の皆様とお会いでき、はなはだ喜んでおります。しかし、思うに四億の同胞は全て黄帝〔漢人の始祖とされる伝説上の帝王〕の子孫であり、もともと氏族などというものはなかったのです。人類が栄えるにつれて姓氏が生じ、姓氏が生じるにつれて家族が重んじられ、それにより家庭が起こりました。しかし、この家族もはなはだ良いもので、無数の家族を合わせれば国家となるのです。今や民国が成立して政治は共和を提唱し、漢・満・蒙・回・蔵を合わせて一家となっており、一族のようでもあります。将来さらに押し広げればアジアにまでつながり、わが一族にとどまるものではないのです。

国事犯から一転して革命元勲となったものの、孫文が地位や名声を利用して親族に便宜を図った形跡はなく、兄の孫眉を広東都督に擁立しようと画策する者が現れると、強く反対する。一時は「マウイ王」と称された孫眉も一九〇六年に破産していた。その原因は土地借用権をめぐる裁判の敗訴とも、孫文への度重なる資金援助ともいわれるが、以後は母や孫文の妻子と共に香港へ戻り、自ら革命運動に参加していたのである。そのような兄に対して、権力闘争に巻き込まれることを案じたとはいえ、政治的地位を分け与えなかった私心のなさは、親族間の相互扶助が美徳とされる中国社会では、むしろ過度な公徳の追求と感じられたかもしれない。

経済建設に専念

八月から九月にかけて孫文は北京で、一三回にわたり袁世凱と会談した。話題は財政・外交・遷都・政府人事から、モンゴル・チベット独立問題まで多岐にわたったが、両者の間に見解の相違が生じた形跡はほとんどない。「耕す者が田畑を持つ」べきだという主張にも、袁世凱が同意したことを訝しむ孫文に対し、袁世凱の幕僚で総統府秘書長の梁士詒《りょうしい》は、こう説明している。

あなたは各国を周遊して大地主の搾取を目撃し、また南方に生まれ育って小作人の苦痛を目の当たりにしたので、耕す者が田畑を持つことを主張しておられます。項城〔袁世凱〕は北方に生まれ育ち、いまだ足跡は長江を越えたことがなく、北方は自作農が多く小作農は非常に少ないので、項城は耕す者が田畑を持つのは、当然の道理だと思っているのです。

自分と同じ広東人である梁士詒の説明に、孫文は大笑いしたという。この逸話は、辛亥革命の勃発に際して最高権力を競い合い、またやがて不倶戴天の敵となる二人が、ともに国家の統制により社会の分極化を抑制する、「収」志向の政治家だったことを象徴的に表すものである。

だが、それゆえにこそ二人が両雄並び立たぬ仲となる虞《おそれ》は、依然として消えていなかった。袁世凱が孫文のために開いた歓迎宴会で、北洋軍の将領たちが指揮刀で床や椅子や食器を叩いたり、座席に立ち上がって「共和は北洋〔軍〕の功績だ」とか、同盟会は「むやみに騒ぐ暴徒」だとか、「孫文には何の力もない」などと罵ったりしたが、これを袁世凱は止めようとせず、かたや孫文は悠然と食事を続けたという。両者の間に信頼関係が築かれたわけではなく、かろうじて表面上の融和が演出されていたからこそ、このような腹芸が演じられたのであろう。

それゆえ孫文は、政治的野心がないことを袁世凱に理解させるべく、経済建設に専念する意思を繰り返し表明した。七月一七日に孫文は上海で、南京臨時政府交通部の流れを汲む中華民国鉄道協会の会長に選出されており、また八月二九日に訪問中の北京において、梁士詒が会長を務める北京政府交通部系列の中華全国鉄路協会の名誉会長に推挙されると、九月二日には両協会の合併を提案した。そして袁世凱との会談において孫文は、一〇年で一〇万キロの鉄道を敷設する計画を披露して、九月九日に全国の鉄道敷設を計画する全権を委ねられている。

孫文の構想は外国からの借款により、南路〔広東―チベット〕・中路〔江蘇―新疆〕・北路〔直隷―

モンゴル)の、三路線を敷設するというものであった。この構想は世論から懐疑・懸念をもって受け止められたが、それは辛亥革命の導火線となった保路運動に表れた、在地有力者の「放」志向に一因がある。全国鉄道網の建設により国土統一・領土保全を図ることは、既に清朝末期に構想されていた。しかし、経済的先進地域においてすら民間資本による敷設は順調に進まず、辺境地帯の路線は外国からの借款を用いて敷設しても、営業利益による返済は困難である。そこで全国の鉄道経営を一体化して外資で建設すべく、清朝が幹線鉄道の一括国有化を決定すると、投資家の中核を成していた在地有力者が猛反発した。これが清朝の死命を制したのである。これに対して「収」を志向する孫文は、一元的な鉄道敷設による国家統合の促進を企図したのだが、外資導入への抵抗感を払拭すべく次のように説いた。

張家口駅で歓迎者たちと孫文(前列中央左側. 前掲『孫中山』)

満清時代、借款による鉄道敷設への反対は、四川・湖南・湖北などの数省で最も激烈でした。しかし、私がそれら数省の人士と、この問題を討論したところ、当時外債に反対したのは、実は条約が悪く往々にして国権を損なったからであり、決して外債を借りること自体に反対したのではないと、皆が言うのです。もし借款の条約が主権を妨げないようにできるならば、また何の損害が借款にあるでしょう。

先進的・民主的体制とその危機

孫文は上海に戻ると、鉄道敷設計画を実行に移すべく中国鉄路総公司を設立するが、この間に政界でも「収」と「放」のせめぎ合いが新たな段階に入っている。

中国同盟会は、総理・孫文に次ぐ地位の協理に黄興と並び黎元洪を選出したように、非革命派の有力者を吸収することにより勢力の拡大を図った。当時は全国各地で無数の政党が乱立しており、五月一日に北京で再開した臨時参議院において多数派を形成すべく、やはり北京へ本部を移転させていた中国同盟会は、統一共和党・国民公党・国民共進会・共和実進会といった小政党を吸収し、新たに国民党を結成する。八月一三日に発表された「国民党宣言」は、綱領を「一、政治統一の保持。二、地方自治の発展。三、種族同化の励行。四、民生政策の採用。五、国際平和の維持」と定め、小政党の反対に遭った民生主義の主張を曖昧にした。

臨時参議院（国家図書館・国家古籍保護中心編『東方的覚醒』国家図書館出版社，2011年）

八月二五日に北京で開かれた国民党成立大会で孫文は、最多得票により黄興・宋教仁らの八人と共に理事に当選し、九月三日には理事長に推挙されるが、合併を推進した宋教仁に代理を委ねている。この日の演説で孫文は、合併の障害となった民生主義の真意を説き、旧五党の一致団結を求めるとともに、他党との過度の敵対を諫めたのだが、自身は新党の運営に直接は関わらず、あくまでも鉄道敷設を中心とする経済建設に専念しようとした。

臨時約法の規定に基づき選挙によって正式国会を成立させるべく、臨時参議院が相次いで可決・公布した一連の選挙法は、一九〇九年の諮議局議員選挙に倣って制限選挙制を採用した。しかし、納税額・財産・学歴といった選挙権の資格は大幅に緩和され、年齢も二一歳以上（被選挙権は衆議院二五歳以上、参議院三〇歳以上）に引き下げられ、有権者が総人口に占める比率は約一〇％（一部の省では三〇％以上）に達している。当時、フランス・ドイツ・アメリカなどで男子普通選挙が実施されていたが、日本の有権者比率が一八八九年に一％、一九〇〇年に二％、一九一九年に五・五％だったのと比較すれば、中華民国初期の有権者比率は決して低いとはいえない。辛亥革命により成立した新共和国は、当時の世界では相当に先進的・民主的な選挙制度を採用したのである。

だが、中華民国の民主主義体制は皮肉なことに、その先進性・民主性ゆえにこそ自壊していく。一九一二年末から一九一三年初頭にかけて実施された国会議員選挙で、国民党が参議院では二七四議席中の一三二議席、衆議院では五九六議席中の二六九議席を占め、ともに第一党となった。そして、開放的な選挙制度を利用して広範な在地有力者の支持を獲得した国民党が、さらに立法権を行政権に優越させた臨時約法をも利用して、自身の最高権力に挑戦することを袁世凱は警戒し、実力行使に出る。国民党勝利の立役者である代理理事長の宋教仁は、実質的に臨時大総統に次ぐ職位である、国務総理(首相)の最有力候補と目されていたが、三月二〇日に北京へ向かう列車に乗るべく赴いた上海駅で、袁世凱の放った刺客により暗殺されたのである。この事件の首謀者に関しては当時から諸説があり、はては孫文を黒幕とする珍説まで唱えられているが、やはり関連資料は定説を裏書きするもののようだ。

第二革命

その頃、孫文は日本にいた。二月一三日から三月二三日までの訪問中、各地で朝野の歓迎を受けた彼の最大の目的は、自身の鉄道敷設計画に対する協力者を募ることであり、渋沢栄一らと合弁企業の中国興業公司の設立に合意するという、一定の成果を上げている。なお、孫文は日本の支持を得ることによって、ロシアに依存したモンゴル独立運動に対処し、またイギリスを後ろ盾とする袁世凱に対抗することも、同時に意図していたようだ。

三月二五日に上海へ戻った孫文は、国民党幹部と宋教仁暗殺事件への対応を協議したが、即時に挙兵して袁世凱と対決する「武力解決」を唱える孫文と、国会の開幕を待って袁世凱を弾劾する「法律解決」を説く黄興が対立したため、一致した方策を取りえず守勢に回る。四月八日に国会は正式に開会するが、その同意を得ることなく袁世凱は五か国(英・仏・独・露・日)銀行団との間で、四月二六日に塩税などを担保とする二五〇〇万ポンドの借款契約を締結し、これが国民党の弾圧に充てられることが懸念された。

五月五日に有力国民党員の四都督、すなわち譚延闓《たんえんがい》(湖南)・李烈鈞《りれつきん》(江西)・柏文蔚《はくぶんい》(安徽)・胡漢民(広東)が、借款に反対する通電(公開電報)を連名で発する一方、国会では国民党議員が政府を厳しく追及する。これに対抗すべく袁世凱は、自身を支持する与党的な勢力として黎元洪を理事長、梁啓超・湯化龍・張謇・伍廷芳らを理事とする、進歩党を五月二九日に結成させた。また国民党議員に対して、買収や脅迫による切り崩しが行なわれた結果、離脱して独自の団体を組織する者が続出し、次第に国会における国民党の優勢は失われていく。

孫文は日本の協力を得て袁世凱に辞任を迫ろうとしたが、日本政府は列国と一致して袁世凱を支持する方針を取り、孫文には袁世凱との妥協を求めた。次第に手詰まりになっていく国民党に対して袁世凱は攻勢を強め、六月に入ると李烈鈞・柏文蔚・胡漢民の三都督を相次いで罷免する。万策尽きた国民党は袁世凱の挑発に乗ることを余儀なくされ、ついに李烈鈞が七月一二日に江西省湖口で挙兵し、ここに第二革命が発動された。その後、江蘇・安徽・広東・福建・湖南・四川などで国民党員が相次いで挙兵して独立を宣言し、旧清朝官僚の岑春煊《しんしゅんけん》を各省討袁軍大元帥としたが、これにより袁世凱は反乱平定という軍事行動の大義名分を得たのである。七月二二日に孫文は袁世凱に宛てた通電を発し、次のように説いた。

東南〔諸省〕の軍隊・民衆は、武器を取って立ち上がり、異口同音にあなたを指弾しています。〔中略〕公僕たる者が国民の反対を受ければ、もちろん身を引くべきであり、ましてや国民が命を擲《なげう》って争おうというのなら、〔身を引くのは〕当然のことです。一人の無実の者〔宋教仁を指すか〕を殺して天下を手に入れることなど、もちろん行なうべきではなく、ましてや天下の血を流しても、自分一人の欲望に従うことなど、〔行なうべきでないのは〕当然のことです。

生涯のトラウマ

しかし、華中・華南各省の「放」が中央朝廷の「収」を圧倒した、辛亥革命の再現はならなかった。優勢な北洋軍と直接に敵対したことの不利は言うまでもなく、しかも実は孫文が唱える国民の支持を第二革命は得ていなかったのである。事実上の連邦国家である中華民国の成立によって、既に一定の「放」を実現した在地有力者には一部を除き、もはや中央政府の「収」に挑戦する動機がなかった。広東省を例に取ると、胡漢民の後任都督・陳炯明《ちんけいめい》(元広東諮議局議員・元中国同盟会南方支部実行委員)が、孫文の指示を受けて七月一八日に独立を宣言すると、これを省議会は全会一致で承認する。しかし、これに商人を中心とする大多数の在地有力者は賛同せず、むしろ一か月足らずで革命勢力を駆逐した鎮圧軍を歓迎し、また袁世凱による省議会の解散を支持したのは、さながらトカゲの頭切りとでもいったところか。

南京・上海の戦況が不利なため、孫文は八月二日に上海を離れ広州へ向かうが、広東省でも第二革命が失敗しつつあることを知り、台湾を経て日本へ逃れた。そして九月一二日の四川省独立取り消しにより、第二革命は最終的に終結する。一〇月六日に袁世凱が国会で正式に大総統に選出されると、各国は相次いで中華民国を正式に承認するのだが、辛亥革命により成立した新共和国の民主主義体制は、早くも崩壊しようとしていた。一一月四日に袁世凱は国民党を解散させるとともに、同党籍議員の資格を剝奪したため、国会は定足数を満たすことができず、翌一九一四年一月一〇日に袁世凱は国会の解散を宣告する。五月一日には臨時約法に替わって、大総統の権限を強化した「中華民国約法」が公布され、次第に袁世凱は独裁権力を確立していった。

この帰結は巨視的に見れば、国家の社会に対する支配の両側面、すなわち心理的基礎である正統性(民意)と物理的基礎である強制力(軍事力)の担い手が、革命の過程で分裂したことと関連していよう。大小様々な軍事力が広大な国土の各地に分散したまま、開放的な選挙制度により民意機関が中央・地方で組織されたため、中央と地方あるいは行政府と立法府の対立が、民意を盾に取った軍事力の角逐へと、容易に転化するようになった。その結果、世界最先端の政治体制を樹立するという辛亥革命の理想は、武昌蜂起から二年余りでうたかたの夢と終わり、軍事指導者による権力の掌握が、議会により正統化される時代が幕を開けた。そして、この失敗が孫文には生涯のトラウマとなり、彼の政治思想に根本的な変化を生じさせることになる。

2　中華革命党

新たな方針

国賓待遇の歓送迎を受けてから半年足らず、孫文は再び辛亥革命以前と同様の亡命者として、日本へ舞い戻った。一九一三年八月一八日に東京へ到着すると彼は、息つく暇もなく第三革命による袁世凱政権の打倒を企図し、自身と同様に亡命した国民党員を組織して、新たな革命団体として中華革命党の結成に着手する。だが、その方針が反発と分裂を引き起こした。彼は入党者に、「一己の生命・自由・権利を犠牲にし、孫先生に随従して再び革命を行なうことを願う」という一文を含む、誓約書への署名と指紋押捺を要求したのである。早くも九月二七日には五人が加入したが、この方法があまりに非民主的だとの理由で、黄興・李烈鈞・陳炯明らの有力国民党員は加盟を拒んだ。中国同盟会成立以来の忠実な門弟たちですら中華革命党への加入は、廖仲愷と胡漢民が一九一四年五月、朱執信は一九一五年一二月と遅れている。

このような方法を取る理由を孫文は、一九一四年六月一五日に東南アジアの国民党員へ送った書簡で、次のように説明した。

中華革命党の党員たちと孫文(前列中央．前掲『国父革命史画』)

以前、同盟会・国民党を組織した際は、主義だけに頼って同志に呼び掛け、主義の一致だけを求めて、人材が純粋か否かを考慮しませんでした。それゆえ、当時は党員が多く勢力が大きかったのですが、内部分子の意見は不一致で足並みは乱れ、団結・自治の精神がないばかりか、命令・指導に従う美徳までもなく、党首は傀儡に等しく、党員はバラバラの砂のようでした。それゆえ、外から攻撃を受けるとすぐ打ち負かされ、苦難に際しても他人のように疎遠だったのです。これはまさに当時、党を組織する上で自由・平等の説にばかり惑わされ、命令の統一や党首への服従を、条件としなかったからにほかなりません。

確かに興中会・中国同盟会・国民党は、いずれも広範な支持を獲得すべく水平的な動員に注力する一方、強固な組織を形成するための垂直的な指導は重視してこなかった。それが革命運動を、いささか場当たり的で統制の欠けたものにしてきたことは事実だろう。そのような反省に基づき孫文は、進歩的政党内部における寡頭支配の鉄則を唱えた、社会学者ロバート・ミヒェルスに依拠し、党員と党の関係を官吏と国家の関係になぞらえる。すなわち、官吏は国民の公僕として「自己の自由・平等を犠牲にして国家に絶対的に服従し、人民のために自由・平等を図らねばなりません」と説き、それと同様に革命党員も「まず自己の自由・平等を犠牲にして、国民のために自由・平等を図るべきであり、それゆえ党首に対しては命令に服従すべきで、国民に対しては自己の権利を犠牲にすべきなのです」と唱えたのである。

革命の理想と現実

結局、宮崎寅蔵や萱野長知といった日本人協力者の仲裁が不調に終わり、黄興が一九一四年六月三〇日に日本を離れてアメリカへ渡ると、さらに孫文は誰憚ることなく自身の方針を推し進めた。七月八日の中華革命党成立大会で発表された総章は、宗旨に関して清朝滅亡により民族主義は実現されたという認識に基づくのだろう、「民権・民生両主義を実現する」とのみ定めた上で、三段階革命論を修正して再提起したのである。

第一の「軍政時期」は「積極的な武力により一切の障害を取り除いて、民国の基礎を定める」段階、第二の「訓政時期」は「文明的な統治により国民を監督・統率して、地方自治を建設する」段階、第三の「憲政時期」は「地方自治が完備するのを待ってから、国民により代表を選挙し、憲法委員会を組織して、憲法を制定する」段階と定めたのは、ほぼ名称以外は中国同盟会の『革命方略』「軍政府宣言」と同様である。

しかし、前二期すなわち「革命軍が蜂起した日から憲法が公布される時までを、革命時期と名づける。この時期には、一切の軍事・国家の政治は本党が完全に責任を負う」として、もはや中国同盟会時期のような定義が不明瞭な「軍政府」ではなく、明らかに前衛党たる中華革命党が政権樹立の全過程を、独占的・排他的に掌握する意志を示したのである。また、三年あるいは六年という期限が明示されておらず、中華革命党（実質的には総理たる孫文）の判断に、「革命時期」の長短が一任されるとも解釈できる。

それにとどまらず、「革命軍蜂起以前に入党した者は、全て首義党員と名づける。革命軍蜂起から革命政府成立までに入党した者は、全て協助党員と名づける。革命政府成立以後に入党した者は、全て普通党員と名づける」と、革命党員にも等級が設けられた。そして「革命時期」の間、「首義党員」は「元勲公民」として「一切の参政・執政の優先権を得る」のをはじめ、「協助党員」は「有功公民」として選挙・被選挙権を、「普通党員」は「先進公民」として選挙権を持つが、「全ての非党員は、革命時期の間は公民資格を持つことができない。必ず憲法が公布されるのを待って、初めて憲法によりこれを得ることができる。憲法が公布された後、国民は一律に平等である」としている。これは中華革命党に加入して総理たる孫文の指導に服従することを、革命政権に参加する唯一の方途とする構想だが、孫文の「収」志向を革命運動の方法論に反映させたものともいえよう。

孫文は元来、革命が群雄割拠による分裂や帝位を狙う野心家の出現、さらには軍政府自体の独裁化すら惹起しかねないのを懸念し、軍政府と人民との相互牽制、あるいは地域間の相互牽制という過渡期を設ける、三段階革命論を着想したのであった。これは「収」「放」いずれの極端にも振れることがないよう両者の均衡を図りつつ、着実に民主主義体制を確立する構想といえる。だが、「約法の治」という過渡期を設ける目的が、当初の相互牽制から軍政府による人民の訓練へと変化し、次第に「放」よりも「収」へと傾いたことは、第2章で述べた通りだ。

しかし、実際の辛亥革命の展開過程は、孫文の想定と全く異なっていた。それは地球の裏側にいた彼には手の届かぬところで、「収」を担うべき軍政府を欠いたまま「放」の噴出として始まり、それゆえ諸勢力間の膠着状態に陥ったのである。そこへ国内に全く勢力基盤を持たぬ孫文が帰国し、一挙に「放」志向を糾合して「収」権力を創出した手腕は、確かに水際立っていた。だが、長期的・巨視的に見れば孫文の果たしうる役割は、創出した新共和国の中央権力を袁世凱に継承させることにとどまり、三段階革命論を実行する余地はなかったといえよう。過渡期の相互牽制も人民の訓練も行なわれず、「約法の治」に語源を持つと思われる「中華民国臨時約法」も、確かに袁世凱に対する牽制を含意したものの、その規定する政治体制は「憲法の治」に相当するもので、野心家の牽制は失敗し民主主義体制は瓦解したのである。

独裁志向の民主主義者

おそらく孫文は、上海到着後わずか一週間で臨時大総統に就任したという成功体験から、自身のカリスマ性を確信するようになったのだろう。それが袁世凱の独裁という革命の無残な結末への失望と相まって、自身の厳格な指導によらねば革命運動は成功しえないという、良く言えば使命感、悪く言えば独善主義を、彼の心に芽生えさせたものと思われる。それゆえ中華革命党の三段階革命論は、党首―党員―非党員の三層から成る垂直的な権力構造を通じた、「収」の徹底と「放」の制圧による、時限的とはいえ革命独裁を企図するものとなった。

そして、過渡期となる第二段階が「訓政時期」と改称されたことは、かつて「約法の治」の目的が相互牽制から人民の訓練に転じるのを促した、梁啓超の中国人民に対する不信を孫文も内面化したことを示す。この時期に孫文は、「民国は嬰児のようであり、その初期には党員こそが保母の地位に立って指導・養育せねば、過去の失敗と同様に転落してしまう」と述べて、前衛党理論を正当化した。さらには、中華革命党が「未来の国家の雛型」であるとも唱えており、これは「革命時期」の政府だけでなく中国社会全体を、革命党と一致させる構想だとも解しうる。指紋押捺への反発に対して、彼は次のように説いているのである。

第三革命の後は、決して第一〔革命〕のように曖昧に、全国人民を国民と称するのではなく、必ず共和に賛成して宣誓・登録する意思のある者のみが、国民と称しうる。〔中略〕今日の〔指紋押捺という〕方法は、将来には全国国民に実施しようというものである。わが党が革命の主唱者でありながら、〔指紋押捺を〕行なおうとしなければ、どうして将来に全国で一律に遵守させることができようか。

アメリカが新たに市民権を得る移民に宣誓を義務づけていることや、中国人入国制限への対策として自らもハワイで宣誓・署名を行ない、アメリカの旅券を取得した経験が、このような着想の背景にあるのかもしれない。いずれにせよ、民主主義体制の確立という革命の目的に変更はないものの、それを実現する手段として暫時的な革命独裁の必要性を、よりいっそう孫文は強調する。そして、中国同盟会「軍政府宣言」が胚胎していた両義性が顕在化し、孫文自身が「独裁志向の民主主義者」というヤヌスとなったのである。

こういった独善的ともいえる方針ゆえに、各省革命派の大同団結により成立した中国同盟会の東京本部と異なり、中華革命党の東京本部は廖仲愷・胡漢民・陳其美・馮自由といった、いわば孫文の側近集団とならざるをえなかった。加盟を拒んだ亡命旧国民党員たちは、一九一四年八月二五日に独自組織として欧事研究会を結成し、これには黄興・李烈鈞・陳炯明・柏文蔚らが参加している。

日本への支援要請と二十一か条要求

旧国民党員を糾合しえなかった分、いっそう孫文は外国人の支援を求めた。袁世凱政権との関係を顧慮する日本政府は当初、孫文の入国を認めない方針であったが、犬養毅や大陸浪人の巨頭で幅広い人脈を持つ頭山満の尽力により、滞在許可を与えることを決める。そこには袁世凱政権との取引材料として、孫文の存在を利用しうるという判断も働いていたが、そのような日本政府の野心は孫文にとっても、逆に利用可能なものと認識された。

孫文は一九一四年五月一一日に総理大臣・大隈重信へ書簡を送り、再び権益提供を交換条件とする支援要請を行なう。すなわち、日本の援助が得られれば革命成功後に、中国は「内政の改良、軍隊の訓練、教育の振興、実業の発展」といった、「先進国の人材の支援が不可欠」な事業は、もっぱら「同文同種の国」である日本に依存するとして、各分野における日本の独占的影響力を認めたのである。そして「支那が全国の市場を開放して、日本の商工業に利益をもたらせば、日本は貿易上の利益を独占できる」と、経済的特権をも約束している。

さらに孫文は、不平等条約の改正に対する外交的支援が得られれば、領事裁判権を撤廃する代償として、「法律・裁判・監獄などを、日本の指導を得て改良する」のみならず、中国内地での雑居を日本人に認めると述べた。また関税自主権を承認する見返りに、「日本と関税同盟を結んで、支那に輸入される日本の製品は免税とし、日本に輸入される支那の原料も免税とすべきです」と提案している。そして、国土の狭いイギリスが「インド大陸を得て、母国の大市場としたからこそ、世界の列強が対抗しえぬほどになった」ことを挙げ、次のように説く。

日本の国土の発展は既に限界に達し、ほとんど歩き回る余地もありませんが、支那は土地が広大で物産は豊富なのに、まだそれらを開発していません。今もし日本がインドにおけるイギリスのように、軍隊を駐屯させて防衛する面倒や費用もなく支那に大市場を得るならば、その利益は〔イギリスのインドにおける利益の〕二倍にも上り、一躍して世界第一の強国となるとは、このことなのです。

この提案を無視した大隈政権は、第一次世界大戦の勃発にともなって列強の勢力が東アジアから後退した隙に、ドイツの山東省権益を奪うべく、一九一四年一一月七日に青島《チンタオ》の攻略に成功すると、翌年一月一八日に二十一か条要求を袁世凱政権に提出する。これに中国世論は猛烈に反発したが、孫文は二十一か条が自身の皇帝即位を支持する交換条件として、袁世凱側から提起されたものだと説いた。交渉過程で日本側は革命運動の取り締まりを交換条件として提示し、五月七日に最後通牒を受けた袁世凱は、翌々日に要求受諾を表明する。なお孫文は、二十一か条の一部に類似した内容の「中日盟約」案に二月五日に署名・捺印し、これとほぼ同内容の三月一四日付け書簡を、外務省政務局長の小池張造に提出したようだ（異論もある）。

孫文を支援したのは主に日本の民間人で、筑豊炭田の安川敬一郎や日立鉱山の久原房之助、

宋慶齢（左）との結婚写真（前掲『孫中山』）

日活の梅屋庄吉といった財界人が資金を提供した。

なお、一九一五年九月一日に孫文は妻の盧慕貞を東京へ呼び寄せて離婚し、長年の支援者である上海の実業家・宋嘉樹の次女で、アメリカのウェスレアン大学を卒業した二二歳の英文秘書・宋慶齢と、自身が四九歳になる直前の一〇月二五日に結婚し、翌々日に梅屋庄吉宅で披露宴が開かれている。この他、孫文はアメリカの実業家ジェームズ・デイトリックに、一〇〇〇万ドルの前金の提供を条件として、革命成功後の中国政府と合弁の百貨店経営や、鉱山・鉄鋼・運輸・穀物倉庫・製造業・兵器生産などへの出資者を募るよう依頼したが、第一次世界大戦による混乱と重なり失敗に終わった。

護国運動

中華革命党は中国各地で散発的な武装蜂起を試みたが、いずれも中国同盟会時期と同じく補給の不足により失敗に終わる。そして辛亥革命と同様、政治変動は国外からの工作によってではなく、国内の「収」と「放」の矛盾として始まった。袁世凱が一九一六年元旦をもって皇帝への即位を図ると、これに反対する梁啓超（元司法総長）の主導により、西南諸省の軍事指導者が、共和制の擁護を唱える護国運動を発動したのである。

まず一九一五年一二月二五日に、元雲南都督の蔡鍔《さいがく》と雲南将軍（都督から改称）の唐継尭《とうけいぎょう》が同省の独立を宣言し、護国軍を四川・広東両省に派遣すると、翌年一月二七日に貴州護軍使（省軍政長官）の劉顕世《りゅうけんせい》、三月一五日には広西将軍の陸栄廷《りくえいてい》も独立を宣言した。中国の混乱を望まない列国が帝制の延期を勧告し、腹心の北洋軍有力将領にも離反された袁世凱は、やむなく三月二二日に帝制を取り消したが、五月八日には岑春煊や梁啓超を迎えて広東省肇慶に、護国各省を統合する事実上の臨時政府として、軍務院が組織される。

他方、中華革命党は山東省で日本軍の協力を得て蜂起する一方、華南における袁世凱政権の支柱であった広東将軍の龍済光が護国軍を迎撃する隙に乗じて、同省内一七県で蜂起し、陳炯明や梁啓超の動員した護国軍と共に各地を占領した。しかし、護国運動の展開過程における中華革命党の影響力は限定的なものにすぎず、孫文は自己の絶対的な指導下で前衛党を率いて、第三革命の過程を独占的・排他的に掌握するという構想を、完全に放棄せざるをえなくなる。

三月七日に大隈内閣は護国軍を抗戦団体として承認し、参謀本部が北方では清朝復興を図る旧貴族の宗社党を、南方では護国軍を支援することにより、袁世凱政権の打倒を企図した。四月七・八日に孫文と会談した参謀次長の田中義一が、各派との連携・協力による「大同団結」を促すと、日本の支援に依存していた孫文は従うことを余儀なくされる。四月二七日に日本を出発した彼は、上海へ到着すると五月九日に「討袁宣言」を発表し、各派の連帯による袁世凱政権の打倒を提唱した。これを受けて黄興も孫文との和解を決め、アメリカから日本へ戻ると田中義一や久原房之助と交渉し資金の調達に成功したが、上海で暗殺や蜂起を画策していた陳其美が五月一八日、フランス租界の山田純三郎宅を訪問中に袁世凱の刺客に暗殺されている。

六月六日に袁世凱が急死し、翌日に副総統の黎元洪が大総統に就任して、六月二九日に臨時約法と国会の回復を宣言すると、七月一四日には軍務院が解散されて護国運動は終息した。孫文は中華革命党本部を東京から上海へ移したが、国内になんらの地位をも占められぬまま、蜂起軍に軍事行動の停止を命じ、七月二五日に「もはや革命の名義は存在せず、一切の党務も停止すべきだ」と通告する。

総じて言えば、辛亥革命とは異なって護国運動は、中央(北洋)・地方(西南)の軍事指導者の間で、「収」と「放」の均衡が回復されたため、孫文というマレビト=トリックスターの介入を必要としなかったのである。だが、様々な軍事勢力が支配を正統化すべく、約法と国会を争奪するという不安定な情勢に変化はなく、そこに孫文は乗じる隙を求めることになる。

3　孤高の領袖

雌伏と再起

袁世凱の死後に北洋軍の有力将領は、段祺瑞《だんきずい》らの安徽派と馮国璋《ふうこくしょう》らの直隷派に分岐して、華北・華中各省に督軍(将軍から改称)などとして割拠する。これに東北部を勢力範囲とする張作霖《ちょうさくりん》の奉天派も加わり、中央政府の主導権を争うようになった。他方、華南では広東省をも勢力下に収めた陸栄廷らの広西派と、四川省への進出を図る唐継堯らの雲南派が並立しており、四川・湖南・福建などの各省で南北軍事勢力が角逐を繰り広げる。

これに対して上海に居を定めた孫文の生活は、しばらく静かなものになった。大総統・黎元洪から懐柔の意図もあってか高等顧問として招聘されると辞退し、一九一六年一〇月九日に授与された大勲位は拒絶しなかったが、実質的に政界から退いている。そして一〇月三一日には、長弟格の盟友・黄興が四二歳で病死した。翌年四月に会議の進行方法を解説した『会議通則』を出版したことが、ほぼ唯一の目立った活動であり、孫文は第二革命の発動以来、久し振りに雌伏の時期を過ごしたのである。

再起の機会を孫文に与えたのは、国内政局の流動化だった。第一次世界大戦への参戦をめぐり、対独宣戦を唱える国務総理の段祺瑞と、これを拒む大総統の黎元洪とが対立した、いわゆる総統府と国務院との「府院の争い」である。一九一七年五月二三日に黎元洪により罷免された段祺瑞が、東北・華北・華中の一一省に独立を宣言させると、黎元洪に調停を依頼された安徽督軍の張勲は、北京へ部隊を派遣し黎元洪に迫って国会を解散させ、七月一日には溥儀を推戴して「復辟《ふくへき》〔復位〕」を実行する。君主制を打倒し共和制を樹立した辛亥革命の、明確な否定であった。

これが袁世凱の帝制と同様、諸勢力の反発を引き起こす。黎元洪は復辟を承認しない旨を声明し、副総統兼江蘇督軍の馮国璋に大総統の代行を、段祺瑞には復辟派の討伐を要請した。七月一二日には段祺瑞の部隊が北京を制圧して復辟は挫折し、段祺瑞が国務総理に復職し黎元洪は大総統の辞職を声明する。八月一日には馮国璋が北京に到着して代理大総統に就任するが、段祺瑞は国会や臨時約法の回復を拒絶して中央政府を掌握した。

この一連の経緯を、孫文は政界に再参入する好機と捉える。だが、もはや第三革命のように自己の厳格な指導には固執せず、諸勢力を柔軟に動員する方針を取った。彼は安徽派による各省独立を批判する一方、北京から上海へ到着した海軍総長・程璧光《ていへきこう》と接触し、一致して国会の解散や張勲の復辟、馮国璋の代理大総統就任に反対する。同時に、参戦阻止への協力を条件にドイツから得た二〇〇万元のうち、三〇万元を六月二七日に程璧光へ提供した。さらに七月四日に孫文は、広東・広西・湖南・雲南・貴州・四川の各界宛てに打電し、「西南六省のみが民国の清浄な土地なので、臨時政府を樹立して臨時総統を皆で選び、回復を図ることを大至急に協議する」よう提言し、自身を中核とする新政権を樹立する意志を表明する。

中華民国軍政府海陸軍大元帥

孫文は七月八日に軍艦で上海を離れるが、確保すべき橋頭堡として彼が目を付けたのは、やはり広東省であった。当時の同省では、最も有力な広西派の陸栄廷が広東・広西両省を管轄する両広巡閲使、陳炳焜《ちんへいこん》が広東督軍の地位を占める一方、雲南派も張開儒《ちょうかいじゅ》が同省北部を支配下に置き、省長には中央政府から朱慶瀾《しゅけいらん》が任じられていた。この「三角闘争」と称される状況に孫文は乗じる隙を求めたのである。広西・雲南両派は復辟に反対して国会・約法の擁護を唱え、中央政府からの自立傾向を強めていた。孫文が胡漢民を派遣して陳炳焜・朱慶瀾・陸栄廷らに協力を打診させると、広西派が孫文派の浸透と段祺瑞政権の武力侵攻をともに警戒したのに対し、雲南派と朱慶瀾は孫文派を迎え入れて広西派を牽制する姿勢を示したのである。

中華民国軍政府海陸軍大元帥となった孫文（前掲『孫中山』）

七月一七日に広州へ到着した孫文は、解散・復辟により天津や上海へ避難していた国会議員に、「ただ西南諸省だけが共和を擁護し、国会を歓迎しています」と呼びかける。これに応じて広州へ到着した約一三〇名の国会議員は、「国会非常会議〔法定人数に達していないための名称〕組織大綱」を決議し、さらに「内乱を平定して臨時約法を回復するため、特に中華民国軍政府を組織する」と謳う、「中華民国軍政府組織大綱」を通過させた。国会非常会議は九月一日に、「臨時約法の効力が完全に回復するまで」、中華民国の行政権を行使すべき海陸軍大元帥に孫文を、翌日には唐継堯・陸栄廷を元帥に選出する。こうして「護法〔約法擁護〕」を旗印に中央政府としての法的正統性を主張し、北京政府に対抗する政権が広州に出現したのである。

再度の排除

だが、各省の「放」志向を糾合して「収」権力を創出し、既存の中央政府に対抗するという、五年半前の南京臨時政府の再現はならなかった。孫文は当初、軍政府を各派の連合政権とすることを意図し、各部総長に張開儒(陸軍)・程璧光(海軍)・胡漢民(交通)に加えて、元北京政府閣僚の伍廷芳(外交)・唐紹儀(財政)・孫洪伊《そんこうい》(内政)を任命する。だが、軍政府に反対する陸栄廷と情勢を観望した唐継堯が元帥への就任を拒絶し、これに伍廷芳・唐紹儀・孫洪伊・程璧光も同調しただけでなく、広西派の排斥を受けて胡漢民は広州を離れた。そこで孫文は各部総長の代理や代行に、中華革命党員の廖仲愷(財政)・許崇智《きょすうち》(陸軍)・林森(外交)や、旧国民党員の馬君武(交通)といった、自身の腹心を任命せざるをえなくなったのである。

また、軍政府の成立に先立って朱慶瀾が広西派により排除され、後任の省長は国会非常会議に反対の態度を示し、華南地域社会を実効支配する軍事指導者の支持が得られぬ軍政府は、中央政府として正統性を主張するのみの「国内亡命政権」と化す。朱慶瀾は護国運動後に陳炯明の護国軍を吸収した部隊を擁していたが、その半分を辞任に際して福建省に進攻させる条件で、孫文と和解していた陳炯明に継承させたのが、軍政府の指揮しうる唯一の軍事力であった。なお、八月一四日に北京政府がドイツ・オーストリアに宣戦したため、既に中国は交戦状態にあるという国会非常会議の決議に基づき、九月二六日に軍政府も両国に宣戦している。

軍政府への参加を拒んだ諸勢力は一九一八年二月二日に、軍政府を大元帥制から総裁合議制に改組することを孫文に認めさせ、国会非常会議も五月四日に「修正軍政府組織大綱」を可決し、同日に孫文は海陸軍大元帥を辞任した。五月二〇日に唐紹儀・唐継堯・伍廷芳・孫文・林《りん》葆懌《ほえき》(海軍艦隊総司令)・陸栄廷・岑春煊が総裁に選出されると、孫文は徐謙《じょけん》(元大元帥府代理秘書長)を代理として広州に残し、自身は翌日に上海へ去る。これは護国運動時と同様の状況であり、厳格な指導から柔軟な動員に方針を転換したにもかかわらず、孤高の領袖は国内の橋頭堡を確保しえず、五一歳にして再び政界から排除されたのである。

見切られた外交手法

二週間弱の私的な日本訪問を経て孫文は、六月二六日に上海へ約一年ぶりに戻った。八月になると、北京では段祺瑞が自己の政権を強化すべく、選挙により新国会を成立させたのに対して、広州の国会非常会議は欠席者を除名して、次点者などを補充し正式国会(通称「旧国会」)となった。だが、新国会で大総統に選出された徐世昌《じょせいしょう》や直隷派と、軍政府を掌握する広西派・雲南派との間で和平が模索され、一一月一一日に第一次世界大戦が終結した直後、中国でも北京・広州両政府が相次いで停戦命令を発し、日本・イギリス・アメリカ・フランス・イタリアの中国駐在公使と広州駐在領事も、南北両政府に和平を勧告する。これにより自身の排除が固定化することを懸念した孫文は、安徽派に支援を提供してきた日本と、徐世昌や直隷派に同情的なアメリカに、それぞれ南北和議への反対を訴えた。

まず一一月三日、孫文は日本の上海駐在総領事の有吉明と会見し、旧国会による憲法の制定と大総統の選出が認められねば、和議は「単に南北軍閥者間の妥協たるに止まり、永久の和平は望み得べからず。故に日本としては此際、支那及び其自国の為、断乎《だんこ》干渉までの決心を以て右二条件を命令して解決せしめられんことを希望す」と説いた。そして、伍廷芳・岑春煊・唐紹儀らの軍政府総裁には期待しえず、自身は「偏《ひとえ》に日本に重きを置くのみ。今次会議の成否は、一に日本の態度に懸れり」と述べ、「戦後「アングロサクソン」の活動を予期し、日支の提携の急務なるを説き、切に日本の勇断を望む旨、繰返し居た」のが、日本のアメリカ・イギリスに対する競争心を煽る意図によることは言うまでもない。

続いて一一月一八日、孫文はアメリカ大統領ウッドロー・ウィルソンに打電し、「今次の世界大戦において閣下が、軍国主義に対して収められた完全な勝利を、お祝い申し上げます。閣下は文明と民主主義のために、世界が始まって以来、最も偉大な貢献をなさいました」と称えた。その上で、やはり「国会が適切な機能を発揮する自由を持たねばならないこと」を和議の「唯一の条件」としつつ、南北闘争を「軍国主義と民主主義との戦争」と世界大戦になぞらえる。そして、日本の段祺瑞政権に対する支援を批判し、「もし日本の場合と同様にアメリカの心理的・物理的な力を、北京の軍国主義者たちが抑圧された人民に対して悪用するならば、中国における民主主義の希望は失われます」と、権益より理念を強調する説得を試みた。

これに対してウィルソンは、「彼〔孫文〕の表明する主義・目標には幾度か共感を抱いてきた」と述べつつも直接の関与は望まず、対応を協議された国務長官のロバート・ランシングも、孫文が「賄賂を受け取り、最高額を出す者に奉仕しようとしている」と嫌悪感を示したため、なんらの支援も孫文に与えられることはなかった。権益の譲渡と引き換えに外国の支援を求めるという、孫文が長年にわたり取ってきた手法が忌避されたのである。

そして一一月二六日、再び有吉明と会談した孫文は南北和議に関し、「今や支那は南北を挙げて米国の指導の下に動かんとし、日本の勢力全く一掃せられんとす。〔中略〕英米間にも若干の連絡あるものと解す」と、やはり日本のアメリカ・イギリスに対する競争心を煽った。さらに彼は、南北統一政権が成立すれば世界大戦の講和会議にも影響すると、次のように予測する。

蓋《けだ》し其政府の派遣する全権委員は、講和会議に於ては英米の機関となり、日支協約〔二十一か条など〕の如きは全然破毀《はき》の運命を招くも、亦《また》知る可《べ》からず。即《すなわち》結局、東亜に於ける

日本の勢力駆逐となり、英米是に代るの結果を招致す可く、真に亜細亜民衆の不幸なり

そして、「日本が座して英米の跋扈に黙従せんより、今に於て果断の措置に出で、飽く迄東亜の聯盟を理想とする自分に援助して、以て将来の大計に資せんことを望む」と、自身のアジア主義的志向を強調して支援を求めた。これに対して有吉が、三日前の新聞に掲載された日本に批判的な先のウィルソン宛て電文に言及したのは、いささかコウモリじみた孫文の言動を揶揄する意図によるものだろう。孫文の「到底其反省に資するに至らざる迄も、一部輿論を刺激するの効果ある可し」という、居直ったかのような返答は案外、率直な本音の吐露かもしれない。だが、このような外交手法は実力の欠如とも相まって、アメリカと同様に日本からも見切られていた。安徽派を支援して巨額の援助を与えた寺内正毅内閣と同様、それに替わりアメリカ・イギリスとの共同歩調を取った原敬内閣も、孫文の支援要請を無視したのである。

『孫文学説』

こういった一連の振る舞いに、孫文の切羽詰まった状況を見て取ることもできよう。この間、上海で著述に専念していた孤高の領袖は、それでも諦めることなく八方ふさがりともいうべき

局面を打開し、革命運動を再開する可能性を模索した。一九一九年六月五日、彼は自身の哲学思想や政治思想を集大成し、独自の革命哲学として理論化・体系化した『孫文学説　行なうは易く知るは難し』を上梓する。これこそ中華革命党時期に顕在化した、革命家・孫文のヤヌス的性質の結晶ともいうべき著作で、次章で詳述する「三民主義」講演録と並ぶ彼の主著となる。

まず「自序」で孫文は、辛亥革命が勃発した際、「本来ならば、その後で引き続き革命党が奉ずる三民主義と五権憲法、そして『革命方略』の規定する様々な建設構想を実行しえて、必ずや時流に乗じ中国を一躍富強の段階に登らせ、人民を安楽の境遇に至らせることができるはずだった」と説く。しかし、革命党員が孫文の主張は「理想が高すぎ、中国の用には適せぬ」と反対し、「革命宗旨・革命方略に対して、信仰が足りず実行に努めなかった」ため、「革命の建設が成功せず、そのため破壊の後に国事がますます悪化してしまった」のだという。

これは孫文が辛亥革命の主導権を掌握しえず、三民主義・五権憲法や三段階革命論を実行できなかったことを指すと解しうるが、それらを彼が臨時大総統在任中に強く主張した形跡はない。そのような認識は、彼が中華革命党時期に絶対的な指導を追求したのにともない、過去の失敗への反省として形成され始めたものだろう。すなわち、「当時を振り返れば、私が親身に革命党員に説いて聞かせたものの、絵空事や理想・空言だと思われてしまったことが、今になって見ると、世界の潮流の需要に適い、また民国を建設する資材ともなるのだ」が、党員の「思想が誤っていた」ために実行されなかったという、革命失敗の顚末を遡及的に描出する。

その誤りとは、『書経』の「知ること艱《かた》きにあらず、行なうことこれ艱し」という説であり、これが「数千年来、中国の人心に深く刻み込まれて、もはや打ち破りえなくなっている」と、彼は指摘する。そして、「それゆえ私の建設計画は、いずれもこの説により打ち消されてしまったのだ」と嘆き、さらに「建設の責任は革命党だけが担いうるものではない。民国が成立してからは、建設の責任を国民が共に負うべき」だと唱える。

孫文には、自己の革命理論そのものを再検討しようという意向は皆無で、あくまでも「知者」たる自身が「行者」たる国民に対して、彼の革命理論(知)に賛同して革命実践(行)に参加するよう促すというのが、同書の基本姿勢である。そして、これを正当化すべく中国古典から国際情勢、はては自然科学に至るまで雑駁ともいえる広範な知識を援用しつつ、時に強引ですらある論法により「行なうは易く知るは難し」と彼は唱えた。

「知難行易」

孫文は人類史の発展過程を三段階に分け、「第一は未開から文明へ進み、知らずに行なう時

孫文の書「知難行易」(秦孝儀主編『国父全集』第1冊，近代中国出版社，1989年)

期であり、第二は文明からさらに文明へ進み、行なってから知る時期であり、第三は科学文明が発達した後の、知ってから行なう時期である」と説く。これは、いまだ認識(知)の及ばぬ未来・世界を、実践(行)を通じて既知のものに変えていくことにより、実践を事前に計画・統御しうる程度が増大する過程を意味していよう。彼が挙げる一〇の実例、すなわち飲食・金銭・作文・建築・造船・築城・運河・電気・化学・進化は、原理に対する知識を持たずに実際の行動を取る、つまり「知らずに行なう」ことも、また知識に基づいて行動を取る、つまり「知ってから行なう」ことも可能だという、二重の意味で「知難行易」の例証とされている。

さらに孫文は、この人類進化の通時的三段階を人間集団の共時的三類型、すなわち「第一は先知先覚者で創造・発明し、第二は後知後覚者で模倣・推進し、第三は不知不覚者で尽力・達成する」に対応させる。これは人類進化にともない、「知者が自分で行なう必要がないだけでなく、行者が自分で知る必要もない」というように、認識(知)と実践(行)との分業が進むことを意味する。この自然的な「尋常の」進化により生じた格差を解消する、人為的な「非常の」進化が革命という「速成の建設」であり、革命運動という実践(行)を計画・統御するのが『革命方略』という認識(知)だと、彼は説く。そして『革命方略』の三段階革命論を、「知者」たる革命党が「行者」たる人民の進化を助ける方策として正当化し、「中国人民は今日、初めて共和政体に進んだが、やはり先知先覚の革命政府がこれを教えねばならない。これが訓政の時期であり、専制から共和への過渡期が必要な理由である」と述べる。

あるべき民国を求めて

この時期には前衛党たるべき中華革命党は活動を停止していたが、やはり具体的な方法として孫文が説くのは、全人民に宣誓を行なわせることだった。すなわち、「バラバラの砂に等しい」四億人の中国人を集めて、「有機的に結合した法治国家にする」ため、「必ず規定に従って宣誓の儀式を行なってこそ、民国国民の権利を得ることができ、さもなくば依然として清朝の臣民と見なす」と説く。これは伝統的専制王朝の支配下では、受動的な統治の対象にすぎなかった人民に、近代的民族共和国の能動的な主権者たる自覚を持つよう、宣誓を通じて促すことを意図していよう。だが、ここで彼が自ら率先して行なう宣誓は、次のようなものであった。

孫文は正心・誠意、皆の前で宣誓する。これより旧を除いて新に改め、自立して国民となる。誠意を尽くし全力を尽くして中華民国を擁護し、三民主義を実行し、五権憲法を採用する。政治を公明にし、人民を安楽にし、国家の基礎を永遠に強固にし、世界の平和を維持することに努める。以上、誓う。中華民国八年(一九一九年)正月一二日、孫文誓いを立てる。

このように、人類進化の方向を体現する「先知先覚」たる自身の思想(三民主義・五権憲法)を、「後知後覚」の革命党員のみならず「不知不覚」の非党員にも受容・共有させるという、究極目標を孫文は設定したのである。「独裁志向の民主主義者」というヤヌスと化しつつ漂泊を続ける五二歳の彼が、依然として自己の預言の正しさに一点の疑念も抱いていないのは、やはり臨時大総統就任という成功体験によるものだろう。同書の最終章で、彼の志が同志に共有されることにより中国同盟会が成立し、それが辛亥革命の成功へと進展する経緯を叙述したのは、まさに革命運動による中華民国の樹立という実践(行)を、孫文という指導者の認識(知)の具現化として描出したもので、さながら「我は民国なり」と自負したかのごとくである。

だが、実際の中華民国においては孫文の預言が実現するどころか、彼自身が政界から排除されていたことは言うまでもない。「私が中国において共和革命を提唱し、既に幸いにも破壊は成功したが、いまだ建設事業は緒に就いていない」と述べたのは、この具現化が未完の課題だという認識を示す。すなわち、辛亥革命を「孫文の革命」として描き出し、現状を本来の理念からの逸脱と捉えることにより、自身を排除した南北両政権を主導する軍事・政治指導者に対して、彼は唯一の資源たる革命思想を根拠に優位性を主張し、自身の権力掌握により「あるべき本来の中華民国」を実現すべく、革命運動を再開する意志を示したのである。

なお孫文は、大戦終結後の各国の余剰生産力を利用した経済建設計画「中国の国際開発」を英文で執筆し、一九一九年に上海の英字誌『ザ・ファー・イースタン・レビュー』に断続的に掲載しており、翌年には英語版の全体が、翌々年には中国語版『実業計画』が刊行された。そして、『孫文学説』を第一部分「心理建設」、『実業計画』を第二部分「物質建設」、上述の『会議通則』を第三部分「社会建設」としてまとめた、『建国方略』が出版されることになる。

五・四運動

以後、孫文は「先知先覚」の前衛革命党首として、「後知後覚」の党員に対する垂直的指導と、「不知不覚」の非党員に対する水平的動員とを同時に追求することになるのだが、この初老の域に達していた孤高の領袖が取った戦略は、徐々に時代の潮流と同期し始める。まず、一九一九年二月二〇日に上海で開始された南北和議が五月一三日に決裂し、政局が流動化して再び孫文の乗じる隙が生じたのである。彼は六月二九日に福建省西南部を占領していた陳炯明に打電して広東省への進撃を促し、七月二日には軍政府総裁である自身の代表として、南北和議に参加していた胡漢民を辞職させた。

他方で中国政治には根本的な変動が生じつつあり、やがて孫文は新たな動員対象を見出すことになる。第二革命以来、議会は度重なる解散・回復・分裂・流転のため、定期的な選挙による民意の制度的な表出が困難になり、議員は徐々に代表性を喪失して議会に盤踞する「政客」と化し、中央・地方政府を争奪する「軍閥」諸派と、相互依存・利用関係を結ぶようになっていた。こうして議会制民主主義が空洞化すると、商人・学生・教員・記者・労働者などの職能団体や、それらによる大衆運動という非制度的な民意の表出が、その代替機能を果たし始める。

この変動を象徴する事件が、五・四運動であった。パリ講和会議で日本から山東権益を回収できなかったことに対して、一九一九年五月四日に北京の学生数千人が抗議の集会・デモを行ない、親日派と見なされた高官の私邸を襲撃したことに始まり、全国各地で集会・デモや日本製品排斥、学生・商人・労働者のストライキが相次いだ。広州では七月一一日にストライキと省議会への請願が行なわれると、これを広西派の広東督軍・莫栄新《ばくえいしん》は弾圧し代表者を逮捕する。

孫文は七月一八日に逮捕者の釈放を軍政府に要求し、八月七日には軍政府総裁の辞任を広州の旧国会に通告すると、八月二九日に軍政府を取り消すよう旧国会両院議長に提言した。そして一〇月一〇日、孫文は中華革命党に替わる前衛党として中国国民党を発足させ、宗旨を「共和を強固にし、三民主義を実現する」と定める。一〇月一八日に上海の学生団体で演説した彼は、旧国会の回復という護法運動の理念を繰り返す一方、再度の革命による新政権の樹立という新たな選択肢をも提起し、そこに大衆運動を包摂する意図を示している。

だが、いずれにせよ彼は上海での雌伏を終え、再び橋頭堡を求めて広州へ向かう必要があった。こうして孫文は、最後の挑戦に乗り出す。

第5章
最後の挑戦

1924年，晩年の孫文
（前掲『孫中山』）

1 危うい橋頭堡

広東へ

第3章で述べた通り、辛亥革命という地域社会の「放」の噴出により成立した中華民国の中央政府は、地方権力の統合という「収」の機能を果たす必要があった。しかし、唯一の「ストロング・マン」袁世凱の死後、パンドラの箱を開けたかのように再び「放」が「収」を侵食し、次第に中央政府は弱体化・空洞化していく。それゆえ孫文が、軍政府のような「国内亡命政権」化を避けつつ、独自の中央権力を創出するには、まず橋頭堡となるべき地域社会を実効支配する省権力を、自己の指導下に置く必要があった。

孫文が帰還を目指す広東省は、護国運動の終了から三年余りの間、一貫して外来勢力の支配下にあったが、主席総裁・岑春煊と陸栄廷らの広西派の独断専行が軍政府の分裂を招き、孫文の乗じる隙が生じる。伍廷芳・唐紹儀と李烈鈞(雲南派・唐継堯の代表)、そして旧国会両院正副議長および約二〇〇人の議員が、広州を離れて上海へ移り孫文に合流すると、一九二〇年六月三日に孫文・伍廷芳・唐紹儀・唐継堯は四総裁名義で、広州の軍政府政務会議の正統性を否定する通電を発した。なお、北方では七月の安直戦争で安徽派を破り、北京政府の主導権を奪取した直隷派が、翌月に新国会を解散させている。

他方で五・四運動以後、多数の商人・学生・労働者団体の出現とも相まって、広西派の掌握する省政府に対する広東省民の自治要求が高揚した。これに応えたのが、辛亥革命直後に短期間ながら広東都督を務め、当時は福建省西南部を勢力範囲としていた陳炯明である。広東省の攻略を再び孫文に促された陳炯明の率いる広東軍は、一九二〇年八月一二日に「広東人が広東を治める」べきことを唱えて進撃を開始した。前線へ動員工作に派遣された朱執信が九月二一日に戦死したが、広範な省民の支持を得た広東軍は広西派を駆逐していき、一〇月二九日に広州へ入城すると、一一月一日に上海の孫文らは陳炯明を広東省長に任命する。

「収」と「放」の対峙

一一月九日、広州への帰還に先立ち孫文は中国国民党の総章を改正し、宗旨・目的として三民主義・五権憲法を掲げるとともに、三段階革命論に修正を加えた。すなわち、「軍政時期」には「積極的な武力で一切の障害を除き、民国の基礎を定める」と同時に、「政府が訓政を行ない、文明的な統治で国民を率いて、地方自治を建設する」、「憲政時期」には「地方自治が完成したら、国民が代表を選挙して憲法委員会を組織し、五権憲法を制定する」としたのである。

これは、既に掌握した広東省では訓政を開始しつつ、同時に全国統一にも着手して他省では軍政を施行するという構想だろう。そして、この二段階革命論によれば「軍政時期」と同義になる「革命時期」に、「一切の軍国庶政は、全て本党が完全な責任を負う」と謳ったものの、「不知不覚」の非党員をも含む広範な動員により奪回した広州政府の下で、孫文が「先知先覚」の前衛党首として、「後知後覚」の党員を通じた強固な指導を実行するのは困難であった。

一〇月二四日に岑春煊・陸栄廷らは軍政府の取り消しを通告していた。しかし、一一月二八日に広州へ到着した孫文・伍廷芳・唐紹儀は唐継堯と共に、政務会議の再開と職務執行の継続を宣言し、翌年には貴州督軍兼省長の劉顕世も総裁に就任する。だが、広西・貴州・雲南各省は北京政府への対抗という「収」から、次第に省自治の追求という「放」へと方針転換し、全国的にも省単位の連邦制を希求する連省自治運動が興起していた。そのため、旧国会と約法の擁護を謳う護法運動は、華南諸省を結集しうる理念ではなくなっていく。

それゆえ孫文は、暫定政権にすぎない軍政府を正式政府に改組し、自ら大総統に就任して北伐により全国を統一することを企図した。だが、このような孫文による「収」の追求は、「広東人が広東を治める」ことを説く連省自治論者になっていた、陳炯明の「放」志向と対峙することになる。省長・陳炯明は広州市政庁を設立し(市長は孫文の長子・孫科)、県長・県議会議員の選挙を実施しただけでなく、さらには省議会の支持を得て省憲法の制定にも着手する。

これに対して孫文は一九二一年三月六日、中国国民党の広東駐在特設事務所で演説した際、広東人民が「その程度に達していない」ことを理由に、県長民選が混乱を招く虞を指摘しつつ、自身も「訓政」期の県長民選を主張してきたことに言及し、党員が省民に三民主義を宣伝して国民たる自覚を促すよう訴えた。そして彼は、「党員が広東を治める」構想を唱え、「将来は広東全省が本党の党義を実行する試験場、民治主義の発祥地となるでしょう。広東から全国へ拡大し、長江にも黄河にも本党の主義を注ぎ込むのです」と述べている。

このように孫文は、陳炯明の「放」志向を自身の「収」構想に包摂することを企図した。これに対して、中国国民党広東支部長に任命されていた(指紋押捺の免除を条件に入党したといわれる)陳炯明も、「私は決して広東を得たからといって、もう発展を望まないわけではありません」と、全国統一に参加する意志を示している。だが彼は、袁世凱・段祺瑞を例に武力統一の不可を説き、「人民に全権を持たせ、その権力を人民が発展させる」ことによる統一を唱え、軍政を憲政に先行させる孫文の構想を暗に批判したのである。

なお、この際に孫文は三民主義の各項を詳述しつつ、従来の思想に修正を加えている。すなわち、民族主義に関しては辛亥革命時の「五族共和」論を批判し、人口が少なく自衛能力を欠くため、それぞれ日本・ロシア・イギリスの勢力下にある満洲人・モンゴル人・チベット人を、人口の多い漢人に同化させ「中華民族」とすることを唱えた。これは辛亥革命以前の「韃虜を駆除する」を反転させた、周辺非漢族の排除ではなく吸収による独立維持の主張である。

民権主義については「代議制は本当の民権ではなく、直接民権こそが本当の民権です」と述べ、スイスの例を引きつつ人民が選挙権に加えて「罷官（罷免）権」や、法律の「創制（制定）権」・「複決（改廃）権」を持つべきことを説いた。これも民生主義や五権憲法と同様、彼の「近代の超克」志向を示すものだろう。民生主義の内容は依然として「地権を平均する」ことと資源・鉄道などの公有化だが、後者が『実業計画』で唱えた外資導入と結び付けられている。

非常大総統

一九二一年四月七日、約二二〇名の議員が出席した国会非常会議は、「中華民国政府組織大綱草案」を可決し、これに基づいて孫文を大総統に選出した。だが、既に広西・貴州・雲南各省の脱落によって、広州政府の支配しうる領域は広東省のみに限定されており、同省が北京政府による攻撃を受け、省自治の推進が阻害されることを懸念して、陳炯明は孫文の大総統就任に反対する。これに対して孫文は、次のように述べたという。

私が出兵しさえすれば、長江・華北の軍隊や民衆には、歓迎・帰順する者が大勢いるのだ。北洋軍閥は広東省に侵攻する力がなく、広西軍の残党は広東侵入の失敗に懲りて、もはや広東省を狙うどころではないのだから、競存〔陳炯明〕には安心してほしい。私は必ず今月中に就任し、そして速やかに北伐を実行するが、成功すればもちろんのこと、万一失敗しても私は出て行き、広東省は競存が誰かと妥協するに任せても、いっこうに私は構わない。これでよいだろう。

ようやく手中にした橋頭堡である広東省の放棄すら示唆したことは、なんとしても北伐により全国政権を確立しようという、五四歳になっていた孫文の焦慮にも似た執念を表すものだろう。これには陳炯明も妥協せざるをえず、五月四日に孫文・伍廷芳・唐紹儀・唐継堯・劉顕世が軍政府の取り消しを宣言し、五月五日に孫文は念願の「臨時」ではない、「正式」な中華民国の大総統に就任した。だが、国会非常会議による選出であったため「非常大総統」と俗称さ

大総統就任式典時の孫文(前列中央．前掲『国父革命史画』)

れたのが、孫文には不本意だったようだ。軍政府から改組された正式政府の各部総長には、伍廷芳(外交)・唐紹儀(財政)・李烈鈞(参謀)が留任したほか、陳炯明が陸軍総長・内務総長を兼任した。これは同政府が、唯一の支配領域である広東省の地方権力に依存せざるをえなかったことを示す。

「収」と「放」の乖離

そして、孫文の「収」構想と陳炯明の「放」志向とが、次第に乖離し始める。陳炯明の懸念が現実のものとなり、広西省に退却していた陸栄廷が北京政府と連携しつつ、六月一三日に広西軍を広東省内へ侵攻させた。これを陳炯明らの率いる広東軍が撃退し、さらに広西省をも制圧すると、八月一一日に孫文の任命した馬君武が広西省長に就任した。これは陳炯明にとっては広東省を防衛する戦闘だったが、孫文にとっては同省から退出する契機となる。

正式政府は国際的な承認が得られず、一一月一二日から翌年二月六日にかけて開催され、中国をめぐる九か国条約が締結されることになったワシントン会議にも、参加を求めたが招待されなかった。このような状況を打破するためにも、一〇月八日に国会非常会議が孫文の提出した北伐案を可決すると、一〇月一五日に彼は正式政府を伍廷芳に委ねて広州を離れ、広東軍の駐留する広西省南寧へと向かう。

北伐に反対する陳炯明に対して孫文は、「私が北伐を行なって勝てば、おのずと両広（広東・広西）には戻れなくなる。北伐を行なって敗れても、なおのこと両広に戻ろうにも顔が立たない。両広は君に統括してもらいたいが、私の北伐を妨害することなく、きちんと食糧・武器を供給してくれさえすればよい」と、広東のみならず広西までも放棄する意志を示したという。一二月四日に広西省桂林へ移動し、陸海軍大元帥として大本営を設置した孫文は、一四年前に同省鎮南関で夢見た、北伐による全国統一を今度こそ自身の手で実現し、いわば辛亥革命をやり直して中華民国を再生させることを決心していたのだろう。

なお、一二月二三日に桂林を訪れたコミンテルン代表のマーリンと会談した際、孫文は「マルクス主義には何も新しいところはなく、全て中国の経典や学説が二〇〇〇年前に説いたものだ」と語った。辛亥革命直後にマルクス主義を含む多様な社会主義思想を、既に民生主義思想に包摂したと自負する孫文と異なり、青年知識人たちには一九一五年頃から新文化運動、すなわち伝統文化批判や西洋思想受容の一環として、日本やアメリカの社会主義文献を通じ、マルクス主義思想が伝播しつつあった。胡漢民・馮自由・戴季陶《たいきとう》といった孫文の忠実な門弟たちも、新文化運動の中で社会主義思想の紹介に加わり、やはり民生主義思想への包摂を図っている。

そして、中国各地に共産主義者の団体が出現し、ロシア共産党やコミンテルンの工作を受けて、一九二〇年一一月に中国共産党が成立し、翌年七月二三日から上海で第一次全国代表大会を開催した。孫文はロシア革命の政治的成功には着目しつつ、マルクス主義思想には否定的で、マーリンに対しても「中国には一つの思想的系譜があり、堯・舜・禹・湯・武・周公〔いずれも古代の聖人君子〕・孔子と、絶えず受け継がれてきた。自身の思想的基礎は、この系譜を継承し発展させたものにほかならない」と述べたという。青年知識人たちに浸透しつつある思想を新来の「異教」と見なし、自己を伝統の側に置いて優位に立とうとしたのは、かつて薔薇色の未来を説いて若者を魅了した預言者といえども、初老の域に入り保守化したことを示すものだろうか。

だが、一方で孫文はベルリンに部下を派遣して、第一次世界大戦時の対中国工作にも関与した、前中国駐在公使・前外務大臣のパウル・ヒンツェと接触させ、中独ソ三国同盟を模索したらしい。これは広州政府を排除したワシントン会議の結果、アメリカ・イギリス・日本などが九か国条約を結んだ、いわゆるワシントン体制からドイツとソビエト・ロシアも排除されており、孫文との提携を期待しえたためだろう。

孫文の「収」と陳炯明の「放」との微妙な均衡は、中国国民党の組織拡大にも反映されていた。広東支部は省内六〇余りの県に下部組織の分部を設置し、その分部長に当初は革命運動歴の長い人物や、旧中華革命党員が多く任命されたのだが、やがて各県での投票と省長の任命を経て選出された県長に、分部長も兼任させる例が次第に増えていく。つまり党組織自体が社会的上昇の資源となったわけではなく、陳炯明の権力確立と表裏一体を成しつつ在地有力者に依存し、いわば上から下へと向かう「冊封」式の浸透方法を取ったのである。

この間、中国国民党は約四万人を新たに入党させたが、大半は海員を中心とする労働者だった。その背景を成したのは、先に述べた労働団体の勃興であった。党員の陳炳生を中心に香港の海員が、一九二二年一月一三日に待遇改善を求めて起こしたストライキは、広東支部宣伝科長の謝英伯が組織した労働団体や、正式政府・広東省政府・広州市政庁の支援を得て、各業種の労働者を動員した全面的ストライキへと発展し、約二か月後に一五～三〇％の昇給を実現している。これは珠江三角州で下層民衆の大衆運動が、中国国民党の勢力基盤となり始めたことを示す。

このような広東地域社会における中国国民党の組織拡大も、陳炯明には自身の推進する省自治と相容れないものと認識されたかもしれない。先に述べた通り、孫文は陳炯明との矛盾を解決すべく広東省からの退出を決意したのだが、そのための北伐自体が同省政府からの後方支援を必要とした。孫文は直隷派の掌握した北京政府を打倒すべく、安徽派・奉天派と反直三角同盟を形成したのに対して、あくまでも北伐に反対する陳炯明は直隷派との和解に傾き、四月二〇日に孫文は陳炯明の内務総長・広東省長・広東軍総司令の職を解く。

破綻

北京政府では六月二日に直隷派の圧力を受けて大総統・徐世昌が辞任し、六月一一日に黎元洪が後任に擁立されて五年ぶりに復職すると、「復辟」に際して自身が発した国会解散命令を取り消し、旧国会が北京で回復されることになった。これは広州の国会非常会議が北京政府に合流して、孫文が大総統たる法的正統性を奪われることを意味し、とうとう彼は北伐により自ら全国政権を確立せねば、地位と権力を失う境遇に追い込まれたのである。

そして、ついに「収」と「放」との均衡が崩れ、孫文の構想が破綻する時が訪れた。彼は広東省韶関へ移転した大本営から、後方を掌握するため広州へ戻っていたが、六月一六日に陳炯明が麾下の部隊に総統府を襲撃させたのである。孫文は珠江に浮かぶ軍艦に避難し、江西省南部まで進軍していた北伐軍が、広州を奪還するのを待った。孫文に従う艦隊が地上の反乱軍と砲撃を交えた際、彼は自ら甲板で砲手に照準を指示し、負傷者を船室に運び手当てをしたという。まもなく五六歳になろうとしていた彼は、四一歳で同様の経験をした鎮南関蜂起を想起し、またも北伐による全国統一という自身の夢が、ついえようとしていることを予感したであろうか。なお、六月二三日に伍廷芳が急逝したのは、このような事態への落胆のためといわれる。

陳炯明軍の反乱に対して孫文は，この永豊艦に搭乗して反撃を試みた（邵銘煌編『孫中山先生与蔣中正先生』近代中国出版社，1994年）

結局、北伐軍は陳炯明軍に撃退されたため、八月九日に孫文は広州を離れ、香港を経て上海へ向かった。これにより正式政府のみならず、広東省内の中国国民党組織も崩壊し、またも広東省という橋頭堡を失った孫文は、漂泊の身に戻ったのである。

2　中国国民党改組

「連ソ・容共」

後世の視点から見れば、陳炯明の反乱は実に運命的だった。それこそが孫文に「連ソ・容共」という、ある意味で今日の中国を形作る淵源となる路線を選択させることになった直接の原因だからである。この時、橋頭堡の奪回と革命運動の再開を急ぐ孫文の前に、捨てる神あれば拾う神ありとでもいうかのように、理想的な支援者——ソビエト・ロシアおよびコミンテルンが現れる。しかし、それは孫文の革命運動に思想と組織の両面で浸透して、内部から変質させようとする存在でもあった。

コミンテルンは中国共産党に中国国民党との合作(協力)を指示し、マーリンや中国共産党候補中央執行委員の李大釗《りたいしょう》が、上海へ戻った孫文と一九二二年八月下旬に会談した結果、中国国民党が中国共産党員を個人として加入させ、ソビエト・ロシアやコミンテルンから支援を受けるという、「連ソ・容共」の方針が決定された。九月六日に孫文は党組織を再構築すべく、中国共産党委員長の陳独秀を含む九人を改進方略起草委員に指名し、翌年一月一日に「中国国民党宣言」「中国国民党党綱」が発表されたが、その三民主義の解説には早くも「連ソ・容共」の影響を受けて、従来とは微妙に異なる見解が含まれている。民族主義については、国内各民族間の団結による中華民族の形成を説きつつ、非漢族の同化ではなく民族間の平等を説き、さらに列強との不平等条約の改正が唱えられた。民権主義については、人民による「罷官権」「創制権」「複決権」の直接行使に加え、普通選挙制度の実施を唱えて、「資産を基準とする階級選挙」を批判する。民生主義については、労働者が経営に参加すべきことが謳われている。

孫文＝ヨッフェ共同声明

翌日の中国国民党改進大会で演説した孫文は、護法運動の中心であった「政治活動」と「軍事活動」、すなわち国会議員や軍事指導者への依存を脱却し、宣伝活動を中心とする「党務活動」を通じて、独自の勢力基盤を獲得すべきことを説いた。北京では一九二二年八月一日に旧国会が回復され、中国国民党員の議員も参加しており、また華南諸省では各地に散在する北伐軍が、広東省を奪回する機会を窺っている。しかし、陳炯明の反乱と「連ソ・容共」路線の採用を経て孫文は、「不知不覚」の非党員を「後知後覚」の党員に転化させることにより、橋頭

閲兵する孫文（前掲『国父革命史画』）

堡たる地域社会に自身の指導力を浸透させる必要性を認識したようだ。

だが、やはり革命運動を再開するには、まず軍事力による橋頭堡の確保が必要であった。孫文は福建省に退却していた許崇智麾下の北伐軍に広東省への反撃を命じ、また広西省に駐屯する一部の雲南軍・広西軍の動員工作を進め、一月一五日には広州の奪回に成功する。こうして孫文は、いよいよ実際に支援を受ける条件を定めるべく、上海を訪れたソビエト・ロシアの中国駐在特命全権代表アドルフ・ヨッフェと会談し、一月二六日に共同声明を発表した。

まず第一条では、「共産主義的秩序、あるいはソビエト制度でさえも、実際に中国へ導入することはできない」という孫文の見解を、ヨッフェも「完全に共有」するのみならず、中国革命の最も重要・緊急の課題が、マルクス主義の説く階級闘争ではないことを認めた上で、それに対するロシアの支援を約束する。そして第二条では、「帝政ロシアが中国に強制した全ての条約や搾取を、ロシアが放棄することを基本原則として」認めた。これは一九一九年の第一次カラハン宣言の、不平等条約の撤廃と中国権益の無条件返還という方針を再確認したものである。パリ講和会議での権益回収の失敗に衝撃を受けていた中国世論に、同宣言は好感をもって迎えられた。

しかし、かつて清朝が帝政ロシアに敷設・管理を認め、一九二〇年の第二次カラハン宣言では棚上げされた東北部の中東鉄道に関して、第三条で孫文は「当面の同鉄道の管理をめぐっては、暫定協定が望ましい〔中略〕双方の真の権利と特殊権益は損なわれるべきでない」と、現状維持を認めた。また、一九二一年にソビエト・ロシアが外モンゴルに派兵し、モンゴル人民政府と修好条約を締結したことについて、第四条でヨッフェは「外モンゴルにおいて帝国主義政策を遂行したり、その中国からの分離を惹起したりする意図や目的を持たず、また持ったこともないと断言」しながらも、それゆえに孫文は「ロシア軍が外モンゴルから即時に撤退することは、不可欠であるとも真に中国に有益であるとも見なさない」と、やはり現状を追認する。

総じて中国国民党の思想的な独自性・自律性を確認したのは、ヨッフェの孫文に対する譲歩だといえよう。だが、孫文は長期的・抽象的な原則としては、ソビエト・ロシアによる権益の放棄や、中国の領有権の保証を前提としながらも、むしろ短期的・具体的措置としては、ソビエト・ロシアによる既得権益の維持を承認したのである。そして声明発表の翌日、ヨッフェは廖仲愷と共に日本へ渡り、中国国民党に対する支援の内容や方法について交渉し、五月一日には孫文に二〇〇万ルーブルの提供を申し出る。

抑圧された者の友か、敵か

孫文は二月二一日に広州へ戻ったが、既に国会非常会議は存在しておらず、正式政府はもちろん軍政府すら回復する法的根拠がないため、三月二日に陸海軍大元帥大本営を再建し、これを事実上の政府とした。そして、軍政・内政・財政・建設・外交の各部長や広東省長・広州市長などには、おおむね中国国民党員を任命し、ようやく彼は自身に忠実な党員により、中央・地方政府を組織しえたのである。また、四月一日には中国国民党の広東支部を再開し、さらに省内各県にも徐々に分部を設置していった。

やがて広東省東部に退却していた陳炯明軍が反撃を開始し、孫文は繰り返し前線へ督戦に赴く。北京では馮国璋に代わり直隷派の首領となった曹錕《そうこん》が、国会議員を一人五〇〇〇元で買収して自身を大総統に選出させ(「賄選」)、さらに新憲法を制定した。孫文は一〇月八日に大元帥名義で曹錕の討伐を命じ、奉天派の張作霖や安徽派の段祺瑞にも打電し、一致した行動を求める。他方、八月に孫文は「孫逸仙博士代表団」をロシアへ視察に派遣したが、団長に選ばれたのは日本陸軍への留学経験を持ち、のちに中国国民党の最高指導者の地位に就く蔣介石であった。そして一〇月六日には、コミンテルン代表のミハイル・ボロジンが広州へ到着する。

こうしてソビエト・ロシアという新たな友人を得る一方、孫文は古くからの友人をも忘れていなかった。一一月一六日、革命運動の初期から幾度か支援を受けており、逓信大臣として政権に初めて本格的に参与していた犬養毅に、書簡で自己の抱負を伝えて支持を求めたのである。

孫文は、「ヨーロッパ＝抑圧者／アジア＝被抑圧者」という対立図式を設定し、台頭した日本を当初「支那四億の人民とアジア各民族」は、「アジアの救世主と見なした」のだが、「日本には遠大な志も高尚な策もなく、ヨーロッパの侵略的手段を真似ることしか知らず、ついには高麗〔朝鮮〕を併呑するという行動に出たため、アジア全域の人心を失うことになった」と説く。さらに、「列強に追随」して北京政府を支持し中国革命に反対したため、日本は「中国およびアジア各民族の失望を招くことになった」と指摘する。

第一次世界大戦を経て「人類の抑圧されている部分が、みな大いに覚醒して、いっせいに立ち上がり強権に抵抗して」おり、なかでも「人類のこの部分はアジアに最も多」く、「きっと立ち上がってヨーロッパの強権に抵抗するでしょう」と述べる。それゆえ、次の戦争は「黄色人種と白色人種の戦争」でも「ヨーロッパとアジアの戦争」でもなく、「公理と強権の戦争になる」と予測する。そして、おそらく前述の中独ソ三国同盟構想に基づき、ヨーロッパではドイツとロシア、アジアではインドと中国が「抑圧された者の中核」で、いずれにおいてもイギリスとフランスが「横暴な者の主力」であり、アメリカは「きっと抑圧された者の味方にならぬ」と断言した。その上で、「ただ日本のみが未知数ですが、抑圧された者の友となるのでしょうか、それとも抑圧された者の敵となるのでしょうか」と問いかけ、二つの提案を行なう。

第一に、「日本の〔明治〕維新は支那の革命の原因、支那の革命は日本の維新の結果であって、本来は両者が一連のものとして、東アジアの復興を成し遂げるのです」と説き、「日本政府は現在、断固かつ決然と支那革命の成功を助け、〔中国が〕対内的には統一し対外的には独立して、列強の束縛を一挙に打破できるようにすべきです」と訴えた。なお、こういった彼のアジア主義的な主張には、「支那の革命が一旦成功すれば、安南〔ベトナム〕・ミャンマー・ネパール・ブータンなどの諸国は、きっとまた帰順して中国の藩属となる」という大中華主義と、「インド・アフガニスタン・アラブ・マラヤなどの諸民族は、きっと支那に倣いヨーロッパ〔の支配〕から離れて独立するでしょう」という反帝国主義とが混在している。

第二に、「小心翼翼として、列強と歩調を合わせ」ることなく、「日本は率先して〔ソビエト・〕ロシア政府を承認すべき」だと唱え、主義・思想の相違に関しては、「ソビエト主義とは、孔子の説くところの大同であります」と述べ、共産主義を儒教的理想国家論に読み替える。すなわち、ソビエト・ロシアを「アジア＝被抑圧者」として描き出し、「日本は孔子を尊崇する国であり、これを率先して歓迎し列国に宣伝すべきで、それでこそ東洋文明の国だといえるのです」と、「連ソ」路線への同調を求めたのである。

そして、「ホノルル〔の軍港〕の配置や、シンガポール〔の軍港〕の設備を見れば、いったい誰を目標としているのでしょうか」と、アメリカ・イギリスへの警戒を喚起しつつ、「以上の二つの策は、実に日本が国威を発揚し、世界を左右する遠大な構想であり、ここに興廃存亡が懸かっています」と訴える。これは孫文の晩年における国際戦略を、集約的に表したものといってよかろう。すなわち、アメリカ・イギリスが日本の独走を牽制しつつ、北京政府を支持して列強が中国権益を分け合ったワシントン体制に対して、孫文が同体制から排除されたソビエト・ロシアとドイツの援助を得るとともに、日本をも自陣営に引き入れようとする構想で、アジア主義を反帝国主義に読み替えることにより、それを正当化したのである。

先に述べたヨッフェの日本訪問は、ワシントン体制下で中国およびソビエト・ロシアとの三角同盟により、アメリカへの対抗を構想していた後藤新平の招待によるものだった。だが、外務省主流派はソビエト政権の承認に関して列国との協調を重視し、国交樹立の予備交渉は七月に決裂している。そして、摂政宮が狙撃された虎ノ門事件により、翌一九二四年一月七日に内閣が総辞職し、この書簡に対する返答が犬養から孫文に行なわれることはなかった。

党組織の制度化

こうして孫文にとって、「連ソ・容共」路線の持つ重要性が相対的に高まる中で、中国革命運動の性質を大きく変えることになる一歩、すなわち一九二三年の改進よりも徹底した中国国民党の改組に彼は踏み出す。これは端的に言えば、中華革命党時期から孫文個人のカリスマ性に依存していた領袖独裁型の組織を、特定人格に依存せぬ制度化された組織へと転換する試みで、長期的には老境に入りつつあった孫文の亡き後も、中国国民党が存続する上で避けて通れない措置であった。だが、そのためにロシア共産党の組織原理を採用したことは、中国革命の手段のみならず目的にも、微妙な影響を及ぼすことになる。

一九二三年一〇月二五日に孫文は改組特別会議を召集させ、胡漢民・廖仲愷や中国共産党中央執行委員・譚平山《たんへいざん》らの九人を臨時中央執行委員、汪精衛・李大釗ら五人を候補委員に任命し、ボロジンを顧問として、一二月七日には上海本部の解消を指示した。臨時中央執行委員会は広州を改組の試験場とすることを決め、一一月上旬に党員の再登録を実施した後、翌年にかけて市内に多数の基層組織を設立していく。

一九二四年一月二〇日から三〇日まで広州に、二四省区と五特別区(広州・上海・北京など)、そして海外組織などの代表約二〇〇人を集め、中国国民党第一次全国代表大会が開催された。二二日に提出された「中国国民党章程」草案は、廖仲愷・汪精衛・戴季陶・譚平山や、中国共産党中央執行委員・毛沢東らによる審査を経て、二八日に「章程」を「総章」と改めて大会を通過する。この総章は、委員会制・民主集中制や党外団体に党細胞を設置するという、ロシア共産党の組織原理を採用するとともに、中華革命党以来の領袖独裁原則も維持したものである。

中国国民党第一次全国代表大会(前掲『孫中山』)

すなわち、中央(最高)党部—省党部—県党部—区党部—区分部の五層において、下級党部の代表が参加する代表大会(あるいは全党員の参加する党員大会)が、それぞれ上級党部の執行・監察委員会を選出するという、下から上へと向かう「昇進」式の組織構築が規定された。これは先に述べたように中国国民党が取ってきた、上から下へと向かう「冊封」式の組織構築とは異なり、党内政治参加の方法が制度化されたものである。ただし、下級党部の成立自体が上級党部の承認を必要とするように、上から下への指導を徹底すべきことも明確に規定されている。また、地域代表制に加えて職能代表制も採用され、政府機関・労働組合・商業団体・学校などに党団を組織することになった。こうして中国国民党は多様な地域・階層・集団に浸透し、中国社会内部に勢力基盤を確保することを図っていく。

このように党組織の構築・運営の制度化を進める一方、「本党は、三民主義・五権憲法を創出・推進されている、孫〔文〕先生を総理とする」「党員は総理の指導に従って、主義の推進に努力せねばならない」と、孫文の超越的な地位が規定された。すなわち、総理は全国代表大会・中央執行委員会の議長として、前者の議決に対する再審議の提起権と、後者の議決に対する最終決定権を持つことになったのである。これは中国国民党が孫文個人のカリスマ性に依存している現状と、将来的には組織運営を制度化する必要とを両立させるための措置だが、その結果として孫文個人と党組織との乖離が生じる契機ともなった。

「中国国民党第一次全国代表大会宣言」

大会最終日の一月三〇日には、二四人の中央執行委員と一七人の候補委員（四一人中一〇人は中国共産党員）、五人の中央監察委員と五人の候補委員が選出され、また党の政治綱領を表明した「中国国民党第一次全国代表大会宣言」が可決される。この文献は、孫文の指示を受けたボロジンにより起草されたのち、廖仲愷・胡漢民・汪精衛らが中心となって審査を加えた。そして最終的に孫文の認可を得て大会初日の一月二〇日に提出されると、胡漢民・戴季陶・李大釗らが審査委員に選ばれ、幾度かの修正を経ていた。こうして起草・修正過程において、ボロジンや中国共産党員が相当程度に参加・関与したため、この宣言には中国社会の階級分析のような従来の孫文には希薄だった観点が含まれ、それは三民主義の解説にも表れている。

民族主義としては、第一に軍閥・資本家の後ろ盾である帝国主義列強との、「国内各平民階級の組織」による「民族解放の闘争」を、第二に国内諸民族の自決権の承認により、中華民国を「各民族が自由に連合した」国家とすることを主張する。民権主義としては年来の主張である五権分立・直接民権を唱えつつ、これらを各国で代議政治・選挙制度が「資本家階級に独占され、平民を圧迫する道具となっている」ことへの対策と捉え、また「天賦の人権」を否定し「帝国主義や軍閥に忠誠を尽くす者」は、自由と権利を享受しえないと説く。民生主義としては従来の「地権を平均する」「資本を節制する」に加え、労働者・農民への支援と革命運動への動員を訴える。

このような「連ソ・容共」路線の影響に対しては、一部の古参党員の間で警戒・抵抗が根強く、早くも前年一一月二九日には主に中国同盟会以来の華僑出身党員一一人が孫文に上書して、列強批判が海外華僑には不利であることや、コミンテルンおよび中国共産党に中国国民党が利用される危険性を指摘していた。この大会においても孫文は、社会主義・共産主義が民生主義に包摂されると唱えて批判を抑えようとしたが、党内の亀裂が完全に修復されるにはいたらず、大会終了後の六月一八日には、やはり中央監察委員の古参党員三人が分派活動を理由に、中国共産党員の弾劾案を総理・孫文と中央執行委員会に提出している。

「三民主義」講演

このように第一次全国代表大会は、ボロジンを通じたコミンテルンの影響が強いものとなったのだが、これに比して孫文自身の思想が明確に表現されたのは、一月二七日から八月二四日にかけて、彼が断続的に行なった計一六回の「三民主義」講演である。これは孫文思想を最終的に集大成したものだが、その内容には前述の「中国国民党第一次全国代表大会宣言」との間に、少なからぬ相違がある。

民族主義に関しては、やはり帝国主義列強を主要な批判対象として、中国の独立と統一が脅かされている現状を訴えるのだが、そこには大漢族主義や大中華主義が混入している。すなわち、「中国は秦・漢以来、ずっと一つの民族で一つの国家を形成しており」、モンゴル人・満洲人・チベット人・「ムスリムの突厥《とっけつ》〔トルコ〕人」など、「外来の者」は一〇〇〇万人にすぎず、「大多数についていうならば、四億の中国人は完全に漢人だといえる」と捉える。

だが、「中国人は家族と宗族の団体があるだけで、民族の精神がない」ため、「バラバラな砂」のようで、列強の人口・政治力・経済力という三種類の圧迫を受け、中国は特定国の植民地よりも地位の低い「次植民地」、つまり列強の共有する植民地となってしまったという。そして、満洲王朝の支配下で失われた固有の道徳や知識を回復し、また外国の科学を吸収することにより、「かつて我々の祖先が世界で唯一の強国だったように、中国を第一等の地位に高め」、さらに「弱小民族に対してはこれを援助し、世界の列強に対してはこれに抵抗する」べきだと唱えたのである。

民権主義に関しては、自由・平等が天賦の権利であることを否定し、また曹錕の「賄選」を一つの根拠として、代議政体の弊害が欧米のみならず中国でも現れていると説き、それを克服すべく直接民権による「全民政治」を唱えた。そこには単線的・普遍的な人類史の発展過程を前提とした、彼の二〇年来の「近代の超克」志向に加えて、中国社会の独自性を根拠に欧米と異なる体制を構想する、一種の文化相対主義も兆している。

すなわち、「二〇〇〇年余り前に孔子や孟子が民権を主張していた」上に、「世界の潮流は民権時代に達している」のだから、中国でも欧米と同様に民権を唱えるべきだという。だが、中国人は「バラバラな砂」に喩えられる通り、ヨーロッパ人よりも自由を享受しているのだから、中国革命の目的は個人の自由ではなく、国家・民族が帝国主義から自由になることだと説く。そして、「不知不覚」の人民が持つ「権(政権)」と、「先知先覚」「後知後覚」の政府が持つ「能(治権)」とを分離し、選挙・罷免・創制・複決の四権を持つ前者が、行政・立法・司法・考試・監察の五権を持つ後者を管理するのが、代議政体に勝る「全民政治」だと唱える。

ここで彼は人類の三類型を、革命の手段たる前衛党の時限独裁ではなく、革命の目的たる権能分離の説明に用いており、これは人民蔑視の独裁志向とも解釈できる。この論理は確かに民主集中制と親和性があり、また『孫文学説』で唱えた「不知不覚」から「後知後覚」への通時的進化には触れず、もっぱら共時的分業を説いているのは、支配‐被支配関係の固定化をも意味しうる。だが、三類型は主に専門的知識の有無を基準とするもので、また欧米の政治体制への懐疑を強めつつも、直接民権の意義を強調したのは、代議政体を否定するというより補完するためであろう。民権主義をめぐりヤヌス・孫文が辿りついた結論は、やはり両義的だった。

民生主義に関しては、マルクスを「科学派」社会主義の代表として評価しつつ、階級闘争論や剰余価値説を批判して、「歴史の重心は民生であって物質ではない」と説く。そして、「共産主義が民生主義の良き友である」ことを理由に、国共両党間の反目を諫めながらも、不平等よりも貧困に悩む中国では、「マルクスの階級戦争とプロレタリア独裁とは不要だ」として、従来の主張である「地権を平均する」「資本を節制する」を掲げ外資導入を唱える。

総じて「三民主義」講演は、近代西洋にも劣らぬ文化伝統を持つ「中国民族（≠漢人）」が、欧米とは異なる独自の政治・経済体制を構築し、世界最強・最先端の国家を建設することにより、列強の支配に挑戦して新たな世界秩序を創出するという、あくまでも薔薇色の未来図を孫文が描いたものであった。換言すれば、これこそ五七歳の彼が夢見た理想の中華民国の青写真、すなわち彼の生涯を賭した革命運動の到達目標であり、「連ソ・容共」路線の採用や中国国民党の改組すらも、そのための手段だったといえよう。

それを自身の手で実現すべく孫文は、中国国民党第一次全国代表大会で大総統に選挙され、陸海軍大元帥大本営に替えて正式政府を組織することを望んでいた。その直接の動機は関税をめぐる外交交渉の不調であったが、約三年前に大総統への就任を強行した執念を、この時も彼は持ち続けていたのだろう。だが、老境に入りつつあったカリスマの野望を、二〇年来の忠実な門弟たちですらも、いささか持て余していたのか、全国政権を樹立する条件が整わないという判断に基づき、廖仲愷・胡漢民・汪精衛らとの協議を経てボロジンが孫文を説得して思いとどまらせたものの、その結果として一つの文書が登場する。それが一月二〇日に大会を通過した、「国民政府を組織する必要」議案に附されていた「国民政府建国大綱」であった。

この大綱において孫文は、三段階革命論の最終形態を提起したのだが、その記述がきわめて多義的で少なからぬ矛盾を含んでいるのは、作成に際して党内で十分な賛同・協力を得られず、あまり検討作業を経ていないためかもしれない。それによると「軍政時期」には、「あらゆる制度が軍政の下に置かれる。政府は一方で兵力を用いて国内の障害を排除し、他方で主義を宣伝して全国の人心を開化させ、国家の統一を促進する」と、おそらくは軍事行動を有利に進めるべく、宣伝活動を同等に重視することになった。

「訓政時期」には、県ごとに人口・土地調査や警備・道路行政を進め、「その人民で四権〔選挙・罷官・創制・複決〕を使用する訓練を受け、国民の義務を完遂して、革命の主義を実行すると宣誓した者が、県長を選挙して一県の政治を執行させることができ、議員を選挙して一県の法律を制定させることができる」。訓練の内容が具体的に直接民権の行使と定められたが、革命への忠誠を条件に政治参加を許すという、ヤヌス的両義性は従来通りである。

「憲政時期」には、各県で選出された国民代表が省長を選挙する一方、中央政府は行政・立法・司法・考試・監察の五院により五権の統治を試行し、立法院が憲法草案を審議・制定して、国民大会で憲法を決定・公布すると規定された。そして、「憲法の公布される日が憲政の完成する時であり、全国国民が憲法に従って全国総選挙を行なう。国民政府は選挙が完了してから三か月で辞職し、政権を民選政府に移譲して、これを建国の大業の完成とする」と謳い、以後は国民大会が中央の政府・法律に対する、選挙権・罷官権・創制権・複決権を持つとする。このように「憲政時期」が到達目標ではなく、過渡期の最終段階とも解しうる曖昧さがある。

これらの変更点にもまして奇妙なのは、中央(国民)政府や国民大会の性質が規定されておらず、なにより中国国民党への言及が皆無であることだろう。革命の主体が前衛党であるのは、もとより自明と考えられたのかもしれないが、それにしても中華革命党時期の三段階革命論と比較し、また「国民政府建国大綱」の成立過程を考慮すると、先に述べた孫文個人と中国国民党組織との乖離が、ここに表れているとも考えられる。足下で自身を支える勢力基盤が強化されていくのを実感しながらも、五八歳になろうとしていた領袖は、それまでにもまして孤高を感じていたのではないか。彼に残された時間は、もはや決して多くなかったからである。

3 共和国の首都へ

北伐開始

中国国民党は「昇進」式の方法により、順調に広東地域社会へ浸透していった。改組の試験場とされた広州市では、大衆運動の主な担い手となっていた労働者・学生や、集団入党した軍人・警官を主体に一三の区党部が組織され、その上に市党部が一九二四年七月六日に成立する。省内各県でも相次いで同様に党部が成立し、特に中国共産党員が農民の組織化を積極的に進めた。七月三日には広州で農民運動講習所が開設され、特派員を養成して各県へ派遣し、農民協会を組織して中国国民党の勢力基盤とすることが図られたのである。

だが、二〇年にわたる農村の土地問題への関心にもかかわらず、農民運動に対する孫文の姿勢は明瞭さを欠くものだった。七月二八日に広州近郊の農民党員一〇〇〇人を集めた懇親会で演説した際、彼は「これは革命党と農民の初対面です」と、それまで自身が農民運動に消極的だったことを認めている。八月二一日の農民運動講習所の第一期卒業式における演説でも、農民問題の根本的な解決には「耕す者が田畑を持つ」こと、すなわち土地所有制度の変更が必要だと説きつつ、当面の対策としては従来の「地権を平均する」と比べても、よりいっそう穏健な宣伝と組織化を唱えるにとどまった。これは広東省の農村では、自治・自衛組織である「民団」を掌握する地主層が強く、急激な土地所有制度の変更は反発を招くことが懸念されたためで、ここにも孫文の階級調和志向が表れている。そして農民運動に対する大元帥大本営・広東省政府の支援も、おおむね抑制されたものであった。

孫文にとって「連ソ・容共」路線の最も直接的な効果は、先に述べたソビエト・ロシアからの資金提供と、そして軍事的な支援であったろう。中国国民党は広州郊外の珠江に浮かぶ小島の黄埔《こうほ》に陸軍軍官学校を設立し、校長にはロシア視察から帰った蒋介石、学校駐在党代表には

蔣介石(左)と(前掲『孫中山先生与蔣中正先生』)

廖仲愷、そして顧問にソビエト・ロシアから派遣されていた、アレクサンドル・チェレパノフらが任命された。開校式典が陳炯明軍の反乱から二周年の六月一六日に行なわれたのは、ようやく独自の革命軍を編制できるという、孫文の感慨を示すものだろう。五〇〇人弱の入学者は広州・上海で実施された入学試験で選ばれ、この通称「黄埔軍校」の卒業生がの

ちに中国国民党の「党軍」すなわち国民革命軍の中核となり、そして蔣介石の側近集団を形成することになる。

こうして広東省という橋頭堡で「党軍」を編制し、二年前に頓挫した北伐を再開して全国を統一するというのが、孫文の構想であったのだろうが、その橋頭堡が再び脅かされることになる。この頃、広東省の東部・西部は陳炯明派の支配下にあり、また広州市周辺でも孫文の動員した雲南軍・広西軍などの外省軍が各地を占拠し、恣意的な課税や不換紙幣の乱発を行なっており、さらに大元帥大本営も財政難から商人に過重な税負担を強いたため、しばしば営業拒否による抵抗を惹き起こし、商人の自衛組織である商団軍と外省軍の衝突も頻発していた。

一九二四年八月、省内各地の商団軍の連合機関が海外から輸入した武器を、没収して黄埔軍校に留置するよう孫文が指示したことから、広州政権への姿勢を硬化させた商団側は営業拒否に踏み切る。この際、イギリスの広州駐在総領事が政権側に対して、商団側への発砲が行なわれれば武力干渉すると伝えると、これを孫文はイギリスの帝国主義政策として強く批判したが、その直後に難局を解決する糸口を彼に示す事件が発生した。九月三日に安徽派と直隷派の戦争が勃発し、これに呼応すべく彼は即座に北伐開始を決めたのである。

最後の機会

九月一〇日に孫文は声明を発表し、「革命は全国人民の責任であるのに、広東人民だけ負担が多ければ、それは広東人民の不満を招きうるものだ」と、商団側への理解を示した。そして、「(一)最短期間内に各軍を全て動員し、北伐を実行する。(二)広東を広東人民に委ねて自治を実行させ、広州市政庁はすみやかに改組し、市長は民選に委ねて全省の自治の先導とする。(三)現在のあらゆる雑多な税は全て免除し、民選の官吏により別に税法を定める」と、二年前と同様に広東省から退出することで、在地有力者との矛盾を解決する意図を示している。

九月一三日に孫文は胡漢民に大元帥の代行を委ね、自ら大本営を広東省北部の韶関へ移し、九月一五日に奉天派と直隷派の戦争も始まると、九月二四日に大元帥として「建国大綱制定宣言」を、前記の「国民政府建国大綱」と共に公布した。こうして彼は、ようやく三段階革命論の第一段階として軍政を開始する出発点に立ったのだが、二年前とは異なり後方の不安も突発事件を契機に軽減される。一〇月一〇日に黄埔軍校の学生や農民・労働者などの国慶節記念行進が商団軍と衝突し、一五日に政権側は武力で商団側を完全に鎮圧したのである(商団事件)。

だが孫文は、またも三段階革命を完遂できなかった。ただし、今度は進行しつつある北伐の前線から、彼自身が離脱したのである。そのきっかけは、直隷派に属しつつ孫文と接触していた馮玉祥《ふうぎょくしょう》が一〇月二三日に反乱を起こし、北京を占領すると大総統の曹錕を監禁して、麾下の部隊を国民軍と称したことに始まる、いわゆる北京政変だった。一一月二日に曹錕が辞任を宣言し、五日に溥儀が故宮から追放され、二四日には段祺瑞が臨時執政に就任する。この間、馮玉祥が段祺瑞・孫文を北京へ招請すると、孫文は先に述べた反直三角同盟に基づき、一〇月二七日に北上の意思を段祺瑞・馮玉祥に伝え、三〇日に韶関から広州へ戻ったのである。

北上が反直隷派軍事勢力との妥協につながることを、中国国民党と中国共産党の一部党員は懸念したが、結局は北京政変により生じた権力の空白に乗じて、北方で影響力を拡大すべきことが合意され、孫文が不在中の政務は胡漢民、党務は廖仲愷に委ねられた。一一月四日に広州大本営の送別会で孫文は、今回の北上に際して自身に「大権を握る」意図はなく、目的は「主義を宣伝し、団体を組織し、党務を拡充する」ことだと述べた。

だが、さらに孫文は早ければ半年、遅くとも二年で三民主義・五権憲法を実現できるとも語っており、やはり何らかの形で新政権に参与することを望んだのだろう。ことによると彼は、一三年前の辛亥革命時に側近の反対を押し切って香港を発ち、上海・南京へ赴き臨時大総統に就任したことを想起していたのかもしれない。ただし、今回の目的地は革命運動の開始から約三〇年、「収」を志向する彼が幾度試みても掌握できなかった、北方約二〇〇〇キロに位置する真の首都・北京であった。ひとまず三段階革命論は棚上げし、中央政界に進出して未完の革命を自身の手で成し遂げる、これが最後の機会であることを彼は予感していたのだろうか。

「大アジア主義」演説

一一月一〇日、孫文は中国国民党総理の名義で「北上宣言」を発表し、帝国主義と結託した直隷派「軍閥」を批判して、不平等条約の撤廃を主張するとともに、各界団体や安徽派・奉天派などの「友軍」と中国国民党による、国民会議の開催を提唱した。同種の構想は前年に中国共産党の陳独秀により提起されているが、地域代表制に替えて職能代表制が選ばれたのは、「賄選」により議会の権威が完全に失墜しており、また既存の団体・勢力を基盤にできるという現実的便宜にもよろう。

孫文が五八歳となった一一月一二日の夕刻、広州市内で軍・学・党・労・農などの各界二万人による、北上を歓送する提灯行列が催された。広東省財政庁の楼上で彼は、「孫大元帥万歳！　中華民国万歳！」という群衆の呼号に、帽子を取って応えたという。これはもちろん当局による動員であったろうが、約三〇年にわたり革命運動の舞台としてきたこの華南最大の都市において、少なくとも商人を除けば広範な支持基盤を得たことを、この時に彼は実感したのではなかろうか。翌日に孫文は広州に別れを告げ、汪精衛らを伴い香港を経て北上の途に就く。一一月一七日に上海へ着いた孫文は、天津・北京へ赴く前に日本へ向かい、長崎を経て一一月二四日に神戸へ上陸した。これは船便の関係と説明されたが、実際には日本の支援を受けて北京政府を掌握した、安徽派・奉天派・国民軍との交渉に臨むにあたり、自身も日本からの協力を取りつけるためであったようだ。だが、直隷派を支援してきたイギリス・アメリカとの関係を顧慮し、「連ソ・容共」路線を警戒する日本政府は、孫文の上京を実質的に拒否した。

他方、同年の移民法改正により日本人のアメリカ移住が禁止されたため、日本国内では反米感情の高揚と反比例してアジア志向が強まっており、孫文は神戸で熱烈な歓迎を受ける。彼は幾度も会見や講演で不平等条約の撤廃を訴えたが、一一月二八日に神戸商業会議所の主催した講演会では、戴季陶を通訳に「大アジア主義」と題して、前年の犬養宛書簡とほぼ同様の議論を、より日本人に受け入れられやすい修辞により展開した。

すなわち、彼は近代日本の台頭をアジア復興の先駆と称賛し、黄色人種の伝統文化と白色人種の近代文化を、「王道」と「覇道」として対比することにより、日本人聴衆の自尊心を満足させつつ、同人種たる中国人への共感を喚起するよう努めた。だが、これは人種主義を反帝国主義へと巧妙に換骨奪胎する論法であり、日本帝国主義への批判は完全に封印しながらも、ソビエト・ロシアを「東方」に属する「王道」国家として描き出すことにより、自身の「連ソ・容共」路線を正当化して、日本人にも賛同を求めたのである。

このような主張の背景を成したのは、先に述べた日中(独)ソの三(四)国同盟構想だったと考えられる。日本政府の拒絶は想定の範囲内だったろうが、孫文は自身に同情的な日本の世論が、長期的には政府に外交政策の変更を迫ることを期待した。一一月三〇日に神戸を発ち門司へ向かう船上で彼は、念押しに次の印象的な一節を、演説記録の末尾に加筆したようだ。

あなたがた日本民族は、欧米の覇道文化を取り入れた上に、アジアの王道文化の本質をも持っていますが、今後は世界文化の前途に対して、結局のところ西方覇道の手先となるのか、それとも東方王道の防壁となるのか、それはあなたがた日本国民の、詳細な検討と慎重な選択に懸かっているのです。

病魔

孫文は一二月四日に天津へ到着すると、ただちに張作霖との会談に臨んだが、その夜に肝臓病の発作に襲われる。彼は若い時から酒も煙草も口にせず、日常生活は謹厳実直そのものだったが、地球を幾度も周回した通算一九年の亡命生活を含む、約三〇年の革命生涯の間に彼の肉体は、少しずつ蝕まれていた。四〇歳頃からは胃痛の持病があり、六〇歳に達していないにもかかわらず、この時ついに病魔が不屈の革命家の足首を摑んだのである。

孫文が大晦日に北京へ移ったのは、自身の病状や流動的な政局にもよろうが、辛亥革命時と同様に元旦を首都で迎えることを望んだのかもしれない。だが、午前一〇時に専用列車で天津を出発し、午後四時に北京へ到着した彼を、三万人とも一〇万人ともいわれる群衆が歓迎したものの、一四年前のような晴れがましさはなく、車内でも床に臥しての痛々しい入京となり、夜には宿泊する北京飯店に医師を呼んで診察を受けている。

段祺瑞は一二月二四日に善後会議条例を公布し、各地の軍事指導者や政治家・知識人などによる協議機関の設置を図っていたが、明けて一九二五年一月一七日に孫文は段祺瑞に対して、善後会議に人民団体の代表を参加させ、最終決定権は国民会議に委ねるべきことを唱えた。その間にも孫文の病状は悪化し、一月二六日に手術が行なわれた結果、末期の肝臓癌で治癒の見込みはないことが判明する。そして、孫文の提案を拒絶した段祺瑞が二月一日に善後会議を召集すると、翌日に中国国民党は善後会議への不参加を宣言し、孫文が新政権に参加する可能性は断たれた。

見果てぬ夢とともに

二月二四日、孫文は汪精衛の手で記された、「国事遺嘱（遺言）」を承認する。これは、「私は国民革命に尽力すること四〇年（革命の初志を抱いた清仏戦争から起算）、その目的は中国の自由・平等を求めることにあった」と述べ、「現在まだ革命は成功していない。わが同志は全て、私の著した『建国方略』『建国大綱』『三民主義』『第一次全国代表大会宣言』に則り、努力を続けて完遂を期せよ」と説く。だが、この政治的な文書よりも三月一一日に語った次の言葉こそ、彼が真情を吐露したものではないか。

今回、私が北京へ来たのは、地盤を放棄することで平和統一を図り、国民会議により新国家を建設して、三民主義と五権憲法を実現させるためであった。（中略）数十年にわたり国家のために奔走しながら、抱いてきた主義をとうとう完全には実現できなかった。同志諸君が奮闘努力して、国民会議を一

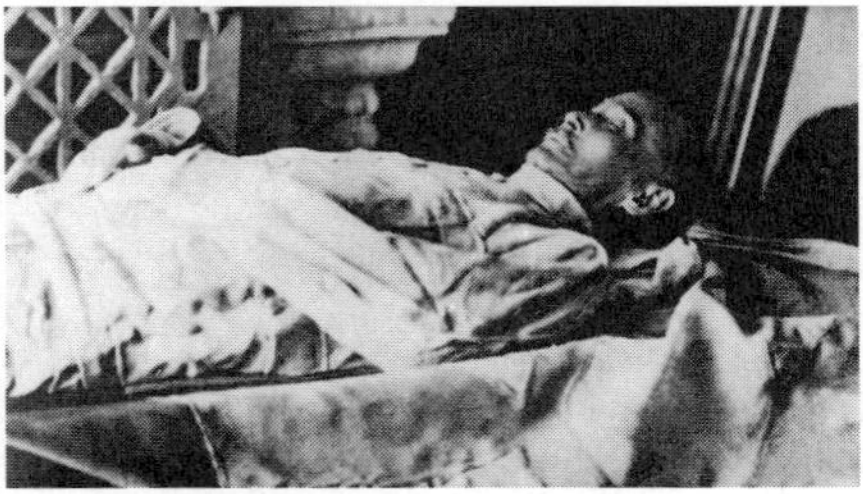

永眠した孫文（前掲『孫中山』）

日も早く成立させ、三民〔主義〕と五権〔憲法〕の主張を達成するよう望む。そうすれば、私は死んでも瞑目できる。

そして、彼は上述の遺嘱に自らペンで署名すると、こう語ったという。「私が死んだ後は、南京の紫金山〔東郊の山〕の麓に葬りなさい。南京は臨時政府が成立した場所だから、辛亥革命を忘れることはあるまい。遺体は科学的な方法で、永久に保存しなさい」。自身の偶像化を望んだというのは不可解でもあるが、南京・辛亥への追憶は彼の率直な心情であったろう。

翌三月一二日午前九時三〇分、孫文は永眠する。自らの手で創出した共和国の首都で、革命の完成を見ることなく、力尽きたのである。おそらく彼は中華民国を自己の分身のごとく思いなし、これを三民主義と五権憲法により世界最先端の国家とすべく、いかなる手段を用い、いかなる犠牲を払ってでも、未完の辛亥革命を自らの手で完遂することを宿願とした。そして、ここまで長年にわたり彼を突き動かしてきたのは、遠い少年の日にホノルルの教室で胸に芽生えた思い――「中国人は偉大であるはずだ」という信念だったのではなかろうか。

おわりに――ヤヌスの行方

孫文は死後、後継者たちにより偶像化されていく。防腐手術を施した彼の遺体を納めた霊柩が、北京の中央公園(のちに彼の号にちなんで中山公園と改称)に安置されると、供養に訪れる者は一九二五年三月二四日からの一〇日間で数十万人に上った。四月二日、霊柩は暫定的に北京西郊の香山碧雲寺へ移され、遺志に従って南京東郊の紫金山へ改葬されるのを待つことになるが、この際にも三〇万人が野辺送りをしたという。

広州では中国国民党中央執行委員会が、四月一六日に孫文の出身地である広東省香山県を中山県と改称し、七月一日には「遺嘱」を根拠として大元帥大本営を国民政府に改組した。こうしてカリスマ的指導者の亡き後、党組織を多様な地域・階層・集団に浸透させつつ、中央・地方政府を各級党部が指導下に置く一党支配、すなわち党国体制が構築され始める。これは実現されれば党が国家と社会の媒介となり、「放」を「収」に変換させうる体制であった。

一九二六〜二八年の国民革命により、中国国民党は一応の全国統一を達成すると(一九二七年に中国共産党を排除したが)、軍政の完了と訓政の開始を宣言する。そして一九二九年六月一日、

台北・国父紀念館の孫文像（著者撮影）

南京東郊の紫金山に造営された中山陵に、孫文の霊柩を改葬する「奉安大典」が挙行され、こうして彼は党国体制を敷く中国国民党の守護神となった。ただし、孫文の「遺教」によれば一党支配は本来「民主のための独裁」であり、彼の衣鉢を継ぐことに正統性の根拠を求める中国国民党は、おのずと訓政から憲政への移行を責務とすることになる。

だが、今は亡きヤヌス・孫文の構想において、民主主義体制の確立という革命の目的と、前衛党による時限独裁という革命の手段との区別が、次第に曖昧になっていった経緯は、本書で繰り返し述べた通りだ。軍政・訓政を経て実現されるべき憲政は、政治参加が段階的に制度化された民主主義体制となるのか、革命党に服従せぬ者は粛清された全体主義体制となるのか、両極端な二本の道が読み取れるという両義性を、彼の体制構想は帯びていた。

結果として中国国民党の一党支配は、そのどちらともつかぬ中途半端なものとなる。軍政・訓政による「収」はきわめて不徹底で、党内外に少なからぬ反対勢力が残存し、また日中戦争という近代史上最大の国難にも災いされ、その党国体制は次第に形骸化していき、決して強固な独裁を確立しえたわけではない。そして、国共内戦中に施行された憲政という「放」は、中国国民党の声望を高める政治的儀式でしかなく、中国史上最初の普通選挙として実施された、一九四七年の国民大会代表・立法院委員選挙が、中国大陸における民主主義の絶唱となった。

これに対して、内戦に勝利し政権を獲得した中国共産党は、中国国民党のように躊躇することなく、時限的ではない恒久的な一党支配を確立する道を選んだ。それゆえ民主主義の追求は伏流水となって、長い時間と距離を越え、再び地表に現れる機会を待つことになる。もちろん中国共産党は、自身の体制こそが真に民主的だと認識・主張したのだが、中国国民党に比してはるかに強固な党国体制の下で、過度の「収」は経済・文化の停滞のみならず、社会の疲弊をも惹き起こした。

二〇世紀末の改革・開放政策の採用は、経済体制における「収」から「放」への転換を意味し、人類史上にも稀有の驚異的な発展をもたらしたが、政治体制に関しては「収」から「放」への転換、すなわち民主主義への路線変更が行なわれる可能性は、今日きわめて低い。その結果として中国大陸(内地)が圧倒的な経済力を持ちつつ強固な一党支配を続けていることが、本書冒頭で述べた通り台湾・香港の若者に、距離感を抱かせる要因となっているのである。

この民主／独裁という二本の道の分岐点に孫文を立たせた一つの要因は、彼自身の特異な出自であったろう。中華帝国の地理的にも社会的にも最周縁部に生まれ、外部世界との間を往還しつつ育った彼は、既存の体制・文明や特定の地域・階層ではなく、想像上の血縁共同体としての「中国人（≒漢人）」に帰属意識を抱き、この偉大な民族が本来あるべき（と想像された）、「中華」の地位を「回復」することを宿願とした。その点で彼は驚異的なほど終始一貫しており、状況や相手により使い分けられた言説も、雑多で時に相矛盾する要素を雪だるま式に付加していった思想も、そして「軍閥」「政客」との臨機応変な妥協も、列強相手のコウモリじみた外交も、いや自身による権力の掌握すらも、この目的のための手段であったのだ。

そして孫文は、当時の世界で最も先進的な体制を希求し、三民主義という薔薇色の預言を唱えつつ、その内容を柔軟に更新していったのだが、次第に先進国が既に通った民主主義の道よりも、革命独裁という捷径を経ることにより、先進国を凌ぐ「近代の超克」を志向するようになった。だが、この二本の道がいずれは出会い、中国を最先端の理想国家という地位へ導くことを信じた彼は、個人の自由を否定し民族の自由を追求しながらも、民主主義を完全に退けて、近代政治体制上の対極を成す、全体主義という暗黒面に陥ることは、決してなかったのである。

また孫文は、ほとんど国内に勢力基盤を持たぬゆえに中国政界では、いわばマレビトにしてトリックスターであり、それゆえ辛亥革命という一〇〇〇年に一度の大転換に際して、余人には果たしえぬ役割を果たすことになった。この成功体験が彼に、中華民国を本来あるべき理想国家の地位に導きうる者は、自身を措いて他にないという強烈な自負を抱かせ、彼を「独裁志向の民主主義者」というヤヌスにしたのである。

孫文が信じ、そして全同胞に対して説いたように、二本の道が出会い一つになることは、今後もないのかもしれない。だがそれゆえにこそ、この見果てぬ夢を追った男の歴史的な価値は、永遠に失われることがないだろう。

あとがき

「それはただ一度だけ　二度と戻っては来ない　信じがたいほどに美しく　奇跡のように降ってくる　天界から黄金の光が」——ウィーン会議を題材にしたドイツ映画『会議は踊る』（一九三一年）の挿入歌、「ただ一度だけ」の一節である。この歌詞から一九一二年元旦に専用列車で南京へ赴く孫文の姿を連想するのは、あまりにも飛躍が過ぎるであろうか。

その時、確かに不遜な異端者の挑戦が歴史の潮流と奇跡的に同期し、世界の頂点に立つ国家を創造するという、彼の途方もない夢が実現するかに思われたのだが、それはまさにはかない早春の夢に終わった。それでも諦めることを知らず夢を追い続けた男は、やがて煩悶と苦闘の内に生涯を終えると、後継者たちを長い試行錯誤の道へと送り出す。

この「ただ一度だけ」の歌詞は、次のように終わる。「夢にすぎないのかもしれない　それは人生でただ一度だけ　明日には消え去っているのかもしれない　それは人生でただ一度だけいつも春の盛りはただ一度だけなのだから」——自然界には繰り返し春が訪れるのに、人間界の春は「ただ一度だけ」なのであろうか。

本書の下敷きとなっているのは、辛亥革命一〇〇周年の二〇一一年に、私が編訳者として上梓した、岩波文庫『孫文革命文集』である。同書は、孫文の様々な著作・書簡・演説・談話・命令や革命党の文献など、計四六篇の文章を時系列に沿って配置し、それらの背景を説明すべく解題と訳注を付すことにより、彼の革命生涯を可能な限り凝縮した言行録である(ただし一九二四年の「三民主義」講演は、安藤彦太郎訳の岩波文庫に譲っている)。

しかし、いかんせん原典資料集という性質上、あまり一般読者に親切なものとは言いがたく、より読みやすい評伝を書ければという願望を、私は次第に強く抱くようになった。そこで、孫文生誕一五〇周年となる二〇一六年を機に、『孫文革命文集』を写真集に喩えるならば、写真の枚数を増やして筋立てを明確にし、いわば動画としたのが本書である。さらに、この一冊で中国近代史の大雑把な流れを概観し、現代への展望も得られるように試みたのだが、いささか欲張りすぎたであろうか。

逆に本書は、体制変革を希求する革命家としての孫文を描くことに重点を置き、彼の私生活にはほとんど触れていないため、それについては上記『文集』の「解説」を参照されたい。また、当然のことながら執筆にあたり、私は先行研究に多くを負っているのだが、専門的な学術書ではない本書の性質上、その紹介も『文集』の「文献目録」に譲ることにする。ただし、二〇一二年以後に刊行された、以下の五点を追加しておきたい。

辛亥革命百周年記念論集編集委員会編『総合研究　辛亥革命』岩波書店、二〇一二年。
日本孫文研究会編『グローバルヒストリーの中の辛亥革命』汲古書院、二〇一三年。
安藤久美子『孫文の社会主義思想　中国変革の道』汲古書院、二〇一三年。
武上真理子『科学の人・孫文　思想史的考察』勁草書房、二〇一四年。
横山宏章『素顔の孫文　国父になった大ぼら吹き』岩波書店、二〇一四年。

なお、孫文の著作集としては、次のものが現時点で最も網羅的である。

尚明軒主編『孫中山全集』(全一六巻)人民出版社、二〇一五年。

そして、辛亥革命から今日まで約一〇〇年にわたる、中国政治体制の展開過程を通観した共同研究論文集として、僭越ながら次の拙編著を挙げておく。

深町英夫編『中国議会1００年史　誰が誰を代表してきたのか』東京大学出版会、二〇一五年。

本書の出版について私は、まず岩波書店編集局部長の馬場公彦氏に相談し、新書編集部の中山永基氏に担当をお願いした。両氏とは、私が編集協力者を務めた二〇一〇年刊『新編　原典中国近代思想史　三　民族と国家　辛亥革命』、そして二〇一三年に上梓した拙著『身体を躾ける政治　中国国民党の新生活運動』以来のご縁だが、今回も「分かりやすく、読みやすく」ということ以外、全くといってよいほど私の好きなように書かせていただいた。そして、ちょうど孫文と一〇〇歳違いの私が、四半世紀を超える孫文・中国国民党史の研究歴でお世話になった方は数知れない。この場を借りて、謝意を表する。

今日、日本における中国関連の出版はさながら洪水のごとく、中には孫文に触れたものも少なくないのだが、この小著を通じて孫文および中国に対する日本の読者の理解が、少しでも深まることを願って擱筆する。

二〇一六年四月　新緑萌える多摩丘陵にて

深町英夫

索　引

あ 行

か 行

さ 行

た 行

な 行

は 行

ま 行

や 行

ら 行

わ 行

※斜体は略年譜の頁数

略年譜

(太字は孫文自身に関する事項)

西暦	元号	満年齢	出来事
1840	道光 20		アヘン戦争(〜42)
1851	咸豊 1		太平天国(〜64)
1856	咸豊 6		アロー戦争(〜60)
1866	同治 5	0	**広東省香山県翠亨村で誕生**
1879	光緒 5	13	**ホノルルへ移住，イオラニ学校に入学**
1882	光緒 8	16	**イオラニ学校を卒業，オアフ学院に入学**
1883	光緒 9	17	**帰国，香港で抜萃書室に入学**
1884	光緒 10	18	**香港で中央書院に転校，洗礼を受ける，** 清仏戦争(〜85)
1886	光緒 12	20	**中央書院を卒業，広州で博済医院付設医学校に入学**
1887	光緒 13	21	**香港で西医書院に入学**
1890	光緒 16	24	**陳少白・尤列・楊鶴齢と共に「四大寇」を自称**
1892	光緒 18	26	**西医書院を卒業，澳門で鏡湖医院に勤務**
1893	光緒 19	27	**澳門で中西薬局を開業，広州で東西薬局を開業，興中会結成を提議**
1894	光緒 20	28	**李鴻章に上書，** 日清戦争(〜95)，**ホノルルで興中会結成**
1895	光緒 21	29	**香港で興中会結成，広州蜂起，横浜で興中会結成**
1896	光緒 22	30	**ロンドンで清国公使館に監禁**
1897	光緒 23	31	**ロンドンで『ロンドン遭難記』出版**
1898	光緒 24	32	戊戌政変
1899	光緒 25	33	**香港で興漢会結成**
1900	光緒 26	34	**香港で『中国日報』創刊，** 義和団戦争，**恵州蜂起**
1901	光緒 27	35	**東京で「支那の保全・分割について合わ**

			せ論ず」発表
1902	光緒 28	36	宮崎寅蔵『三十三年の夢』出版
1903	光緒 29	37	**東京で軍事学校設立，ホノルルで中華革命軍結成**
1904	光緒 30	38	**ホノルルで致公堂に加入，ニューヨークで『中国問題の真の解決』出版**
1905	光緒 31	39	**東京で中国同盟会結成**，科挙廃止，**東京で『民報』創刊**
1906	光緒 32	40	**東京で『革命方略』作成，『民報』創刊一周年記念大会挙行**
1907	光緒 33	41	**黄岡蜂起，七女湖蜂起，シンガポールで『中興日報』創刊，防城蜂起，鎮南関蜂起**
1908	光緒 34	42	**欽廉蜂起，河口蜂起**，「憲法大綱」公布，**シンガポールで中国同盟会南洋支部設立**
1909	宣統 1	43	**香港で中国同盟会南方支部設立**，各省諮議局成立
1910	宣統 2	44	**新軍蜂起**，資政院成立
1911	宣統 3	45	**黄花崗蜂起**，保路運動，上海で中国同盟会中部総会設立，**辛亥革命(～12)**
1912	民国 1	46	**南京で中華民国臨時大総統就任**，宣統帝退位，**「臨時約法」公布，北京で国民党結成**
1913	民国 2	47	国会成立，**第二革命**
1914	民国 3	48	国会解散，「臨時約法」廃止，**東京で中華革命党結成**，第一次世界大戦(～18)
1915	民国 4	49	対華二十一か条要求，**宋慶齢と結婚**，護国運動(～16)
1916	民国 5	50	国会・「臨時約法」回復，**中華革命党活動停止**
1917	民国 6	51	**上海で『会議通則』出版**，復辟，**広州で中華民国軍政府海陸軍大元帥就任**
1918	民国 7	52	**軍政府改組**，新国会成立

1919	民国 8	53	南北和議，五・四運動，**上海で『孫文学説』出版，中国国民党結成**
1920	民国 9	54	**上海で『中国の国際開発』出版**，新国会消滅，中国共産党結成，**広州で軍政府継続宣言**
1921	民国 10	55	**広州で中華民国大総統就任，北伐開始**
1922	民国 11	56	香港海員ストライキ，旧国会回復，陳炯明反乱
1923	民国 12	57	**上海で「孫文＝ヨッフェ共同声明」発表，広州で陸海軍大元帥大本営再建，孫逸仙博士代表団派遣**
1924	民国 13	58	**広州で中国国民党第1次全国代表大会開催，「三民主義」講演，「国民政府建国大綱」発表，黄埔で陸軍軍官学校設立，広州で農民運動講習所設立**，商団事件，北京政変
1925	民国 14	59	**北京で永眠**

深町英夫

1966年 東京生まれ．京都大学文学部哲学科美学専攻卒業，東京外国語大学大学院地域文化研究科博士後期課程修了（学術博士）
現在 ─ 中央大学経済学部教授
専攻 ─ 中国近代史
著書 ─『身体を躾ける政治 中国国民党の新生活運動』岩波書店
『近代中国における政党・社会・国家 中国国民党の形成過程』中央大学出版部
編訳 ─『孫文革命文集』岩波文庫 など

孫文 ── 近代化の岐路　　岩波新書（新赤版）1613

2016年7月20日　第1刷発行

著　者　深町英夫《ふかまちひでお》

発行者　岡本　厚

発行所　株式会社 岩波書店
〒101-8002 東京都千代田区一ツ橋 2-5-5
案内 03-5210-4000　営業部 03-5210-4111
http://www.iwanami.co.jp/

新書編集部 03-5210-4054
http://www.iwanamishinsho.com/

印刷・精興社　カバー・半七印刷　製本・中永製本

ISBN 978-4-00-431613-8　　Printed in Japan

岩波新書新赤版一〇〇〇点に際して

ひとつの時代が終わったと言われて久しい。だが、その先にいかなる時代を展望するのか、私たちはその輪郭すら描きえていない。二〇世紀から持ち越した課題の多くは、未だ解決の緒を見つけることのできないままであり、二一世紀が新たに招きよせた問題も少なくない。グローバル資本主義の浸透、憎悪の連鎖、暴力の応酬――世界は混沌として深い不安の只中にある。

現代社会においては変化が常態となり、速さと新しさに絶対的な価値が与えられた。消費社会の深化と情報技術の革命は、種々の境界を無くし、人々の生活やコミュニケーションの様式を根底から変容させてきた。ライフスタイルは多様化し、一面では個人の生き方をそれぞれが選びとる時代が始まっている。同時に、新たな格差が生まれ、様々な次元での亀裂や分断が深まっている。社会や歴史に対する意識が揺らぎ、普遍的な理念に対する根本的な懐疑や、現実を変えることへの無力感がひそかに根を張りつつある。そして生きることに誰もが困難を覚える時代が到来している。

しかし、日常生活のそれぞれの場で、自由と民主主義を獲得し実践することを通じて、私たち自身がそうした閉塞を乗り超え、希望の時代の幕開けを告げてゆくことは不可能ではあるまい。そのために、いま求められていること――それは、個と個の間で開かれた対話を積み重ねながら、人間らしく生きることの条件について一人ひとりが粘り強く思考することではないか。その営みの糧となるものが、教養に外ならないと私たちは考える。歴史とは何か、よく生きるとはいかなることか、世界そして人間はどこへ向かうべきなのか――こうした根源的な問いとの格闘が、文化と知の厚みを作り出し、個人と社会を支える基盤としての教養となった。まさにそのような教養への道案内こそ、岩波新書が創刊以来、追求してきたことである。

岩波新書は、日中戦争下の一九三八年一一月に赤版として創刊された。創刊の辞は、道義の精神に則らない日本の行動を憂慮し、批判的精神と良心的行動の欠如を戒めつつ、現代人の現代的教養を刊行の目的とする、と謳っている。以後、青版、黄版、新赤版と装いを改めながら、合計二五〇〇点余りを世に問うてきた。そして、いままた新赤版が一〇〇〇点を迎えたのを機に、人間の理性と良心への信頼を再確認し、それに裏打ちされた文化を培っていく決意を込めて、新しい装丁のもとに再出発したいと思う。一冊一冊から吹き出す新風が一人でも多くの読者の許に届くこと、そして希望ある時代への想像力を豊かにかき立てることを切に願う。

（二〇〇六年四月）

岩波新書より

経済

ポスト資本主義 科学・人間・社会の未来　広井良典
日本の納税者　三木義一
タックス・イーター　志賀櫻
タックス・ヘイブン　志賀櫻
コーポレート・ガバナンス　花崎正晴
グローバル経済史入門　杉山伸也
アベノミクスの終焉　服部茂幸
新自由主義の帰結　服部茂幸
新・世界経済入門　西川潤
金融政策入門　湯本雅士
日本経済図説〔第四版〕　宮崎勇・本庄真・田谷禎三
世界経済図説〔第三版〕　宮崎勇・田谷禎三
WTO 貿易自由化を超えて　中川淳司
日本財政 転換の指針　井手英策
日本の税金〔新版〕　三木義一
成熟社会の経済学　小野善康
景気と経済政策　小野善康
平成不況の本質　大瀧雅之
原発のコスト　大島堅一
次世代インターネットの経済学　依田高典
ユーロ 危機の中の統一通貨　田中素香
低炭素経済への道　諸富徹・浅岡美恵
「分かち合い」の経済学　神野直彦
人間回復の経済学　神野直彦
グリーン資本主義　佐和隆光
市場主義の終焉　佐和隆光
消費税をどうするか　小此木潔
国際金融入門〔新版〕　岩田規久男
金融入門〔新版〕　岩田規久男
ビジネス・インサイト　石井淳蔵
ブランド 価値の創造　石井淳蔵
グローバル恐慌　浜矩子
金融商品とどうつき合うか　新保恵志
金融NPO　藤井良広
地域再生の条件　本間義人
経済データの読み方〔新版〕　鈴木正俊
格差社会 何が問題なのか　橘木俊詔
シュンペーター　伊東光晴・根井雅弘
ケインズ　伊東光晴
現代に生きるケインズ　伊東光晴
景気とは何だろうか　山家悠紀夫
環境再生と日本経済　三橋規宏
人民元・ドル・円　田村秀男
社会的共通資本　宇沢弘文
経済学の考え方　宇沢弘文
経営革命の構造　米倉誠一郎
経済論戦　川北隆雄
アメリカの通商政策　佐々木隆雄
戦後の日本経済　橋本寿朗
共生の大地 新しい経済がはじまる　内橋克人
思想としての近代経済学　森嶋通夫
アメリカ遊学記　都留重人

社会

岩波新書より

岩波新書より

ああダンプ街道　佐久間　充
山が消えた 残土・産廃戦争　佐久間　充
少年犯罪と向きあう　石井小夜子
自白の心理学　浜田寿美男
原発事故はなぜくりかえすのか　高木仁三郎
プルトニウムの恐怖　高木仁三郎
能力主義と企業社会　熊沢　誠
証言 水俣病　栗原　彬編
コンクリートが危ない　小林一輔
東京国税局査察部　立石勝規
バリアフリーをつくる　光野有次
ドキュメント 屠場　鎌田　慧
現代社会と教育　堀尾輝久
原発事故を問う　七沢　潔
災害救援　野田正彰
ボランティア もうひとつの情報社会　金子郁容
スパイの世界　中薗英助
都市開発を考える　大野輝之／レイコ・ハベ・エバンス

ディズニーランドという聖地　能登路雅子
原発はなぜ危険か　田中三彦
世直しの倫理と論理 上・下　小田　実
異邦人は君ヶ代丸に乗って　金　賛汀
読書と社会科学　内田義彦
資本論の世界　内田義彦
社会認識の歩み　内田義彦
科学文明に未来はあるか　野坂昭如編著
働くことの意味　清水正徳
一九六〇年五月一九日　日高六郎編
暗い谷間の労働運動　大河内一男
住宅貧乏物語　早川和男
食品を見わける　磯部晶策
社会科学における人間　大塚久雄
社会科学の方法　大塚久雄
農の情景　杉浦明平
ルポルタージュ 台風十三号始末記　杉浦明平
日本人とすまい　上田　篤
自動車の社会的費用　宇沢弘文

「成田」とは何か　宇沢弘文
戦没農民兵士の手紙　岩手県農村文化懇談会編
ものいわぬ農民　大牟羅良
死の灰と闘う科学者　三宅泰雄
ユダヤ人　J-P・サルトル／安堂信也訳

岩波新書より

現代世界

フォト・ドキュメンタリー 人間の尊厳　林　典子
女たちの韓流　山下英愛
㈱貧困大国アメリカ　堤　未果
ルポ 貧困大国アメリカ　堤　未果
ルポ 貧困大国アメリカII　堤　未果
新・現代アフリカ入門　勝俣　誠
中国の市民社会　李　妍焱
勝てないアメリカ　大治朋子
ブラジル 跳躍の軌跡　堀坂浩太郎
非アメリカを生きる　室　謙二
ネット大国中国　遠藤　誉
中国は、いま　国分良成編
ジプシーを訪ねて　関口義人
中国エネルギー事情　郭　四志
アメリカン・デモクラシーの逆説　渡辺　靖
ユーラシア胎動　堀江則雄

オバマ演説集　三浦俊章編訳
オバマは何を変えるか　砂田一郎
タイ 中進国の模索　末廣　昭
平和構築　東　大作
ハワイ　山中速人
イスラームの日常世界　片倉もとこ
イスラエル　臼杵　陽
ネイティブ・アメリカン　鎌田　遵
アフリカ・レポート　松本仁一
ヴェトナム新時代　坪井善明
イラクは食べる　酒井啓子
エビと日本人　村井吉敬
エビと日本人II　村井吉敬
北朝鮮は、いま　北朝鮮研究学会編　石坂浩一監訳
欧州連合 統治の論理とゆくえ　庄司克宏
バチカン　郷　富佐子
国際連合 軌跡と展望　明石　康
アメリカよ、美しく年をとれ　猿谷　要

日中関係 戦後から新時代へ　毛里和子
いま平和とは　最上敏樹
国連とアメリカ　最上敏樹
人道的介入　最上敏樹
現代ドイツ　三島憲一
「民族浄化」を裁く　多谷千香子
サウジアラビア　保坂修司
中国激流 13億のゆくえ　興梠一郎
多民族国家 中国　王　柯
ヨーロッパ市民の誕生　宮島　喬
東アジア共同体　谷口　誠
NATO　谷口長世
ヨーロッパとイスラーム　内藤正典
現代の戦争被害　小池政行
アメリカ外交とは何か　西崎文子
帝国を壊すために　アルンダティ・ロイ　本橋哲也訳
多文化世界　青木　保
異文化理解　青木　保
デモクラシーの帝国　藤原帰一

(2015.5)　(E1)

岩波新書より

岩波新書より

奈良の寺　奈良文化財研究所編
植民地朝鮮の日本人　高崎宗司
漂着船物語　大庭脩
東西／南北考　赤坂憲雄
日本文化の歴史　尾藤正英
日本の神々　谷川健一
日本の地名　谷川健一
南京事件　笠原十九司
裏日本　古厩忠夫
日本社会の歴史 上・中・下　網野善彦
日本中世の民衆像　網野善彦
絵地図の世界像　応地利明
古都発掘　田中琢編
宣教師ニコライと明治日本　中村健之介
神仏習合　義江彰夫
謎解き 洛中洛外図　黒田日出男
韓国併合　海野福寿
従軍慰安婦　吉見義明

中世に生きる女たち　脇田晴子
琉球王国　高良倉吉
平泉 よみがえる中世都市　斉藤利男
暮らしの中の太平洋戦争　山中恒
ルソン戦―死の谷　阿利莫二
江戸名物評判記案内　中野三敏
徴兵制　大江志乃夫
田中正造　由井正臣
日本文化史〔第二版〕　家永三郎
原爆に夫を奪われて　神田三亀男編
神々の明治維新　安丸良夫
神の民俗誌　宮田登
漂海民　羽原又吉
天保の義民　松好貞夫
太平洋海戦史　高木惣吉
太平洋戦争陸戦概史　林三郎
世界史のなかの明治維新　芝原拓自
昭和史〔新版〕　遠山茂樹・今井清一・藤原彰

管野すが　絲屋寿雄
福沢諭吉　小泉信三
吉田松陰　奈良本辰也
大岡越前守忠相　大石慎三郎
江戸時代　北島正元
織田信長　鈴木良一
豊臣秀吉　鈴木良一
京都　林屋辰三郎
日本国家の起源　井上光貞
日本の歴史 上・中・下　井上清
天皇の祭祀　村上重良
米軍と農民　阿波根昌鴻
伝説　柳田国男
岩波新書の歴史 付・総目録 1938–2006　鹿野政直

シリーズ日本近世史

戦国乱世から太平の世へ　藤井讓治
村 百姓たちの近世　水本邦彦
天下泰平の時代　高埜利彦

岩波新書より

岩波新書より